オレンジ色塗装の軍装備品使用状況の一例

海上自衛隊
多用機 U-36A
(図版出典：海上自衛隊 HP)

航空自衛隊
91式爆弾用誘導装置
(図版出典：Hunini)

MQM-74C Chukar Ⅱ

河出文庫

日航123便墜落
圧力隔壁説をくつがえす

青山透子

河出書房新社

日航１２３便墜落　圧力隔壁説をくつがえす ◉ 目次

第三章 沈黙と非開示――罪を重ねる人々

日航123便墜落
圧力隔壁説を
くつがえす

文庫版　はじめに

パリのセーヌ川で行われた第三十三回オリンピック競技大会（二〇二四）の開会式は、高揚する選手たちを乗せたボートが水面に映え、異次元の空間に観客を誘った。

しかしその影には、深い悲しみも映っていた。純粋なスポーツの祭典であっても、政治色はぬぐえない。いまだに戦争を続けるロシアとその同盟国ベラルーシの国籍を持つ選手数十名は、国の代表者ではなく独立した選手を意味するＡＩＮ（athlète individuel neutre）としてオリンピック参加が認められたが、開会式への参加は認められなかった（ＮＨＫ報道ほか）。ウクライナの選手団は大声援で迎えられた。戦争を継続するイスラエルは、フランス政府の歓迎により参加した。これには多くの市民が五輪精神にそぐわないと反対し、戦闘を支持するイスラエル選手がいるとして、パレスチナはイスラエルの五輪除外を求めた。しかしながら、そうした訴えはロシアの戦争とはレベルが違うとして却下された（産経新聞ほか）。戦争によって理不尽にも国を追われた人々や、虐殺の危険にさらされて難民となった人々によるオリンピック難民選手団は、オリンピックの旗の下で平和を願いながら出場した。

二〇二四年は、平和の祭典であるオリンピックですら混沌を極めた一年であった。そうした状況下、十月になって飛び込んできた明るいニュースは、日本原水爆被害者団体協議会（日本被団協）のノーベル平和賞受賞であった。長年、苦渋の中を生き抜き、差別や偏見と闘い、いわれなき誹謗中傷を受けてもなお強く、そして地道に活動してきたことが世界的に認められたのである。この信念は、日本政府も学ぶべきであろう。市民の力は、政治に勝るものがある。ここにも理不尽な体験をした人々による不屈の精神があった。

　そしてこの年は、日航１２３便の遺族としての本分を尽くす吉備素子氏による情報開示裁判が結末を迎えた年でもある。日本の司法が下した判断は、最高裁による上告棄却であった。これは著しい不当判決である。

　二〇一九年、ご遺族の吉備素子氏の強い思いを酌み、三宅弘弁護士に相談をした私は、事故調査報告書の不十分さを指摘した。特に、高浜雅己機長の発言に空白部分の多い「ボイスレコーダー」を、生のテープから遺族に聴かせることを目的として、生のデータの開示を求める重要性を確認した。本書は、思いもかけず外務省の公文書に「日航１２３便墜落《ついらく》事件」と書かれた文書を発見したことから始まる。つまりこれは事故ではなく、事件なのだ。

　さらに、日航１２３便に関しては、公文書は三十年後には開示するという世界的なルールを無視し、墜落から三十九年が経ったいまでもなお、生データは公開されず、結果的に事故原因が推定のままで放置されているという点も明確にした。

また情報開示裁判の準備を進めるなかで明らかになったことだが、公文書「航空事故調査報告書付録（JA8119に関する試験研究資料）」（運輸省航空事故調査委員会作成、二〇一三年にインターネット上に公開）に記載されている「最初に垂直尾翼の破壊の原因となった異常外力の着力」については、これまで一切調査することなく、実質的に無視されてきた。なお、この付録は一九八七年の段階で、「事故調査報告書」と共に、関係者に配布されていたものである。私は一般の方々と同じく、インターネット上に公開されたものを見て「異常外力の着力点」を知った。三宅弘弁護士と裁判資料を作成している最中であった。これを発見したときの驚きも本書に記した。以前にも「異常外力」に言及した書籍もあったようだが、そこに疑問を持つ者はおらず、率先して情報開示裁判をする者はいなかった。遺族に伝わることもなかった。過去にこの事件を取材した人たちは、ジャーナリストと呼ばれていたのだろうが、その程度なのだ。

後になって、私は元JALで機長組合の委員長を務めた人物にも「別冊」について聞いたことがある。彼は、「別冊」の存在は知っていたが、中を読んではいなかった、と語った。つまり組合もまた、その程度なのである。

さて、今回の裁判で司法は生のデータは非開示と判断した。本来ならば、運輸省（当時）の出した研究資料にもとづき、生のボイスレコーダーの音声を堂々と開示し、「異常外力」とは何かを再調査すべきである。本書では、外から11トンの力が突如ぶつかり、飛行機で最も頑強な垂直尾翼が衝突した箇所から崩壊した、という研究資料から抜粋した図を提示している。この外力については、目標物に命中しなくても一定の有効距離内で爆発する「近接信管」という説もあるようだが、11トンもの力が一点に集中して衝突している、という点を無視してはならない。自衛隊のミスであれば正直に謝罪すべきであり、米軍が関与しているのであれば、日米合同で再調査をすべきなのは、民主主義国家としての当然の務めであろう。

本書第三章では、特に元米兵と元自衛隊員が、ともに平和活動に参加をする理由を記している。現実の戦場では、兵士は武器製造会社のモニター要員のようであり、傭兵を中心とした愛国心とは無縁の人間による殺戮であり、自分たち兵士が逆にテロリストのようであったと、深い悲しみとともにその心情を吐露している。現在の戦場もまた、そうなのだろう。殺戮を目的とした武器を疑うことなく他国に供与し、他国民の兵士が殺戮を繰り返す世の中である。停戦や平和という言葉は空しいものになった。私たちは、二十一世紀にもなって何をしているのだろうか。

そして、この日本も臭いものに蓋をするかのごとく、過去の事実を隠蔽し続けている。「いつか遺族がこの世からいなくなる日まで待つ」ことを目論み、「国家賠償は支払いたくない」とでもいうような政府の思惑が見え隠れする。ＪＡＬは、遺族に対して墜落原因をまともに説明せずに曖昧にしてきたうえ、コンプライアンス違反どころか法を逸脱したことを繰り返し、墜落原因の「隠蔽」を手伝ってきた。これはインターネットやメディアが証明している。こういったＪＡＬの実態は、いまだに遺族を「被災者」と呼び、いまだに墜落死させられた乗客を「遭難者」と呼ぶことにも表れている。日本語の曖昧な部分を利用した罪逃れの言葉であるのは明らかだ。日航１２３便で死亡した乗客は「遭難」したのではなく「犠牲者」である。もしかすると、殺人による「被害者」でもある。遺族は被災したのではなく、被害者遺族である。吉備さんら遺族が、これらの言葉を変更するよう何度も申し入れしても、ＪＡＬは無視を続けている。

　長年墜落原因に疑問を持つ遺族をないがしろにしてきたうえ、慰霊式での言葉までもＪＡＬは罪から逃げ続けているのであり、こんな理不尽なことはあるまい。

情報開示の裁判中には、突然の裁判長交代劇や、訴訟仲間であった市原和子さん（佐々木祐副操縦士の実姉）が、元ＪＡＬの客室乗務員が事務長を務める老人ホームに隔離されたうえに誤情報を与えられて訴訟を取り下げさせられるという事件が発生した。さらにまた、追い打ちをかけるように、裁判の証拠とするために吉備さんが陳述した映像音声を録画したＤＶＤが、日本航空代理人弁護士と東京地方裁判所のどちらにも届かないという怪事件も発生したが、あっけなく結審した。詳細は拙著『日航１２３便墜落事件　ＪＡＬ裁判』（二〇二二年）、『日航１２３便墜落事件　隠された遺体』（二〇二四年、いずれも河出書房新社）を熟読していただければ、最高裁までの茨の道が手に取るようにわかっていただけるだろう。二〇二四年三月、最高裁判所の裁判官は司法の最後の砦となることなく、安易に棄却の道を選んだ。私たちに何ができるのだろうかという無力感にさいなまれる一年であった。

公共交通機関の事故原因を問うものであるのにもかかわらず、裁判では情報非開示という判決となった。乗客たちを救うべく必死に奮闘したであろう客室乗務員の先輩方の無念を思うと、今回の判決は大変残念でならない。

日本という国は、５２１人（胎児も含む）というとてつもない犠牲者を生んだ、世界最大の単独機事故すら、自らまともに解明することができない、未熟な国である。これは本当に情けない限りだ。乗客の愛犬一匹もカーゴルームで犠牲犬となった。いかなる事情があろうとも、公共交通機関の事故原因を隠蔽してはならない。すべてを明らかにしてこそ安全、安心、そして未来の平和につながると強く思う。

青山透子

二〇二四年 十二月

第一章

事件の真相――時空の闇

私たちが騙された〈あの日〉

〈あの日〉……521人（胎児も含む）もの〝いのち〟が失われた。

夕暮れの陽炎の中で稲妻が轟き、水面に映る月もない闇の中、流星に見えた閃光とうごめく影の存在は、目撃者たちの脳裏にいまも焼き付いている。

〈あの日〉……私たちは、完全に騙されていた。

二〇一九年十一月。

私は、墜落から二日後（一九八五年八月十四日）に「日航機墜落事件」と書かれた公文書を発見した（図2、本書二五頁）。

発信元は外務省である。

それはまだ事故調査委員会の調査すら始まっていない日であり、当然のことながら、当事者の日本航空も米国ボーイング社も、全く何が起きたのかもわかっていないそのときに「事件」と書かれていたことになる。

そしてこの「事件」は、あまりにも幼稚な方法によって故意的に「事故」とすり替えられていった。後から思えば「あれはおかしい」と思うことは多々あったはずである。

それにもかかわらず、あっという間に事故と信じ込み、騙された私たちはどの段階で真実を見失っていったのか……。

新たなウイルスの脅威によって非日常の環境を経験した今だからこそ、ウイルス同様、知らずにいると、私たちの生命そのものが脅かされかねないのである。

日航１２３便事件発生から三十五年目の二〇二〇年一月八日――。

正月気分も抜けきらぬままに、テレビ画面に飛び込んできた映像は、バラバラに細かく飛び散った飛行機と人間の無残な姿であった。本物の炸薬入り地対空ミサイルに撃墜されると、巨大な物体も人もこのような有様になると映像が無言で語りかけていた。

イランの首都テヘランを飛び立ったウクライナ航空７５２便が、離陸直後にイラン軍（革命防衛隊）の地対空ミサイルで撃墜されるという痛ましい事件が発生して、イランの自国民八十二人、カナダ人六十三人を含む乗客乗員百七十六名が犠牲となった。

彼らの命が軍隊の誤射で失われた事実は永遠に覚えておかなければならない。このミサイル誤射事件は私たちに、実際にこういうことが起こりうることを再認識させてくれたのである。

今ならば衛星やレーダー、一般人による動画録画によって、政府の偽りの発表を見破ることは可能だろう。誰もが携帯電話を持ち、誰もが簡単に即席のスクープ記者になれることは、ネット社会の大きな成果である。これらがあったからこそ、イラン政府が誤射を認めて犠牲者への追悼と謝罪に至ったのだ。

もし一九八五年にこの技術があったなら、〈あの日〉に起きたいまいましいことは瞬時に明るみに出て、あらゆる人々が正義の力を結集して、政府の嘘も簡単に暴かれただろう。

そして、気の遠くなるほど無駄な時間を費やすことなどなかった。イランの軍隊が自国を飛び立った民間の飛行機を誤射して墜落させた事件は、私たちにこうした「事件」があり得ないことはないと教えてくれた。

オリンピックイヤーとなるはずだった二〇二〇年、日航123便墜落から三十五年目の夏に、オリンピックの女神が延期を望んだのには、そこに深い意味があるのではないだろうか――。

誰かが継続して死者の声を聴き、無念な〈あの日〉について考察し、長年にわたって調査をしなければ、何もかも為政者によって時空の闇に葬られてしまう。

その一心で調査を続けた結果、あれは事故ではなく「事件」であったと断言できる確実な公文書をようやく手に入れた。

長い歳月を経て、この公文書は私たちに、これが「未解決事件」だということを教えてくれたのである。

外務省は事件とわかっていた

〈あの日〉——。

新聞報道の見出しは、「524人乗り日航機墜落」、「日航ジャンボ機墜落、炎上」、「裏切られた翼への信頼」、「世界最大の航空機惨事」という文字が大きく太く黒く、全紙面を覆い尽くしていた（図1、本書二三頁）。当時発行された新聞各紙の紙面を再度、目を凝らして見てみたが、どこにも「事件」という文字は見当たらない。しかし私は、「事件」と書いている文書を日本国外務省の公文書館所蔵書類から発見した。しかも、わざわざ手書きで事件とはっきり書いてある。

私はそれを見た時、外務省だからこそそれが残っていたのだと、心底、震えた。

この公文書は、ふとした偶然の重なりから目に留まった。実を言えば、日々の調査では、公文書がいつ、どこで、どのような内容のものが公開されるのかといった情報は不確かである。手さぐりの部分もあり、根気との闘いでしかない。

特にこの日航123便において、関係省庁は当時の運輸省航空局と内閣であり、もし自衛隊に疑惑があるとすれば防衛庁となる。

墜落発生当日に、石川島播磨重工業（本社、東京）が建造した自衛隊の護衛艦「まつゆき」がちょうど相模湾内で試運転中だったが、この「まつゆき」に関しては公文書そのものが存在していない可能性が高く、以前、防衛省に問い合わせて請求した際に、わざわざ電話で「不存在だから取り下げたらどうか」とのご丁寧なアドバイスまでいただいた。そもそも防衛省は防衛機密という分厚いベールに守られており、あの自衛隊日報でさえ、なかなか開示しなかったことを考えると、この「事件」についてはおよそ不可能に近い。

そこで私は、一九八五年時の米国大統領と日本の首相が、ロン・ヤス（ロナルド・レーガンと中曽根康弘の愛称）の仲であれば、なんらかの文書のやりとりがあるはずだと考えた。それも本題の日航123便ではなく、他の用事のついでにさりげなく、日常的にうっかり出てくる言葉に、重要なヒントが隠されているのではないだろうか

524人乗り日航機墜落
長野県山中で炎上
羽田発大阪行き「ドア破損」と連絡
全員絶望か

図1　墜落発生翌朝の新聞各紙一面トップと搭乗者発表状況（1985年8月13日付）

『朝日新聞』

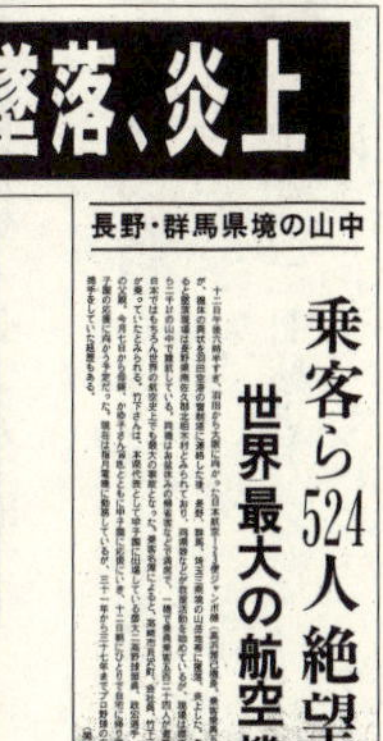
日航ジャンボ機墜落、炎上
長野・群馬県境の山中
乗客ら524人絶望
世界最大の航空機

『上毛新聞』

樹林に激突ジャンボ無残
高度7000メートル
緊迫の

『読売新聞』（夕刊）

裏切られた翼への信頼

『毎日新聞』（夕刊）

と思ったからである。例えばお見舞いや、祝電や、親しい間柄の連絡事項の中から、何か発見できるのではないか、そこに日航123便に関する重大な言葉が潜んでいる、そんな気がしたのである。

そこで外務省の公文書に狙いを定め、米国のレーガン図書館も調査の対象に入れた。[*1] そうした作業を行っていくなかで、公文書一覧のファイルが公開となっていても、実際にそのファイルの中身がなかったり、昨日まで公開されていても、今日は見当たらない、という、通常では考えにくいことが起きるのを体験した。なぜそうなるのか、よくわからないことが実際に起きるのである。情報公開関連の専門家によれば、往々にしてそういうことはある、とのことであった。時々、膨大な資料の中にこっそりと一枚、肝心な部分が紛れ込んでいることもあるらしい。

なお、この公文書は、弁護士や河出書房新社の編集者たちとともに、出所を確認し合い、外務省の公開公文書一覧から抜粋した正真正銘の公文書である。

一枚目（図2）は、この手紙が東京にある米国大使館からの親書であるということが書かれている。

日付は、一九八五年八月十四日、つまり、事故から二日後となる。

当時の駐日米国大使マイケル（愛称マイク）・ジョーセフ・マンスフィールド氏から、

AMBASSADOR OF
THE UNITED STATES OF AMERICA
TOKYO

August 14, 1985

Dear Mr. Prime Minister:

I have been asked to forward the enclosed letter from President Reagan to you.

Sincerely,

Mike Mansfield

Enclosure: As Stated

His Excellency
Yasuhiro Nakasone,
Prime Minister of Japan,
Tokyo.

図2　1枚目、駐日アメリカ合衆国大使館、マイケル・J・マンスフィールド大使署名入り文書

大使館経由で、日本国の中曽根康弘総理大臣宛てに、ロナルド・レーガン米国大統領からの書簡を送るという内容である。

二枚目（図3）が、その書簡である。書簡の上に外務省職員が手書きで「事件」と記入している。

事件——。

国内報道はすべて「墜落事故」、それにもかかわらず、まだ何の調査もしていない段階で、しかも墜落から二日後に、「事件」と書いていたのである。

「日航機墜落**事件**に関するレーガン大統領発中曽根総理あて　見舞の書簡
8／14　在京米大より接到」

このように事件と明確に記している。この公開文書の書簡には仮訳もついていたが、実際の書簡の英文をここにそのまま掲載することにした。

ここに書かれていることは、次のような内容になる。

親愛なる「ヤス（康弘の愛称）」へ

(注)

日航機墜落事件に関するレーガン大統領発
中曽根総理あて　見舞の書簡
8/14　在京米大より接到

THE WHITE HOUSE

August 14, 1985

Dear Yasu,

On behalf of the American people, please accept my heartfelt condolences on the occasion of the tragic crash of Japan Air Lines Flight 123. We too have felt the great loss and human suffering caused by an air tragedy just a few days ago in Dallas-Fort Worth.

As you know, the United States is deeply committed to continuing to make the utmost efforts at assuring aviation safety. We must do all we can to preclude the grievous human loss invariably associated with mishaps in the air. The National Transportation Safety Board is dispatching experts to Japan to offer the best expertise we have, and if we can do more, please let me know.

Nancy and I feel deeply for the victims of this accident and their bereaved relatives.

Sincerely,

Ron

His Excellency
Yasuhiro Nakasone,
Prime Minister of Japan,
Tokyo.

図3　2枚目、ロナルド・レーガン大統領からの手紙　原文
(注) 外務省職員による手書きで"事件"という文字が入っている。

日航機123便の悲劇的な墜落の①きっかけに際し、米国民を代表し、心より哀悼の意を表します。私たちもほんの数日前に、ダラス・フォートワースにおける悲劇的な航空機事故で、甚大な損失と人的被害を被りました。総理大臣閣下もご存じのように、米国は航空の安全確保のため最大限の努力を継続することについてコミット（責任を持って取り組む意味）しております。私たちは、航空事故による悲しむべき人的損失を防止するために全力を尽くさなければなりません。米国国家運輸安全委員会は、米国が有する最高の専門知識を提供すべく、日本に専門家を②派遣しつつ（送り込みの途中）あります。③さらに米国にできることがあればお知らせください。ナンシーと私は、本件④事故の犠牲者及びご遺族に対して、深くお悔やみ申し上げます。　敬具

一九八五年八月十四日　ロン（レーガンの愛称）

日本国内閣総理大臣　中曽根康弘閣下

傍線を引いた部分に該当する英文を読んでみると、背景が見えてくる。

まず①の「きっかけ（機会や出来事）」に使用している“occasion”という部分だ。

通常、航空機事故として使う言葉には、クラッシュ（crash）＝墜落、アクシデント（accident）＝事故・災難、インシデント（incident）＝航空機等運航障害、などがある。

ここで書かれている"the occasion"は、ほとんど使用しない。この言葉は、本来は「物事が降りかかる」という意味であり、英和辞典にもそのように書かれている。機会とか出来事という意味合いもある。なぜ"occasion"という、この言葉をレーガン大統領は使ったのか。

おそらく深い意味と背景がそこに存在する。つまり事故や災難による墜落ではなく、原因が明らかにわかるほどの出来事が降りかかった、ということだと十分解釈できる。

次のポイントは、②「派遣しつつ」あるという"is dispatching"のところだ。すでに手配して確実にやっている、現在やりつつある、人を送り込んでいる途中といった意味を含む。これはあまりにもスピード感がありすぎる。航空機事故発生時は海外も含めて、自国の事故調査委員が特に取り組むべきものであって、わざわざ米国が諸外国にいちいち出向く話ではない。世界的規模の乗員組合によれば、米国の国家運輸安全委員会（NTSB）がどこかの国へ即日、調査に出向くのは異例中の異例であって、このボーイング社も、いくら来てほしいとリクエストしても来なかった航空機事故は、他に沢山あったと聞いた。

十二日の墜落時刻は十八時五十六分、米軍の輸送機が、飛行機が燃える炎を発見したのが十九時十五分過ぎとすれば、サマータイム中の米国ワシントンD.C.の時差から、現地時間の墜落時刻は、八月十二日の早朝五時五十六分である。米軍機による発見時刻は、六時十五分となる。ただし、この日レーガン大統領はサンタバーバラの別荘に滞在していたことが日記からわかっているため、そのサンタバーバラがあるカリフォルニア州の時間によれば、早朝の二時五十六分に日航機が墜落、米軍機C130輸送機によって墜落場所が発見されたのが三時十五分となる。米国内の墜落ではないので、大統領を真夜中にたたき起こすほどのものでもないと思われる。

レーガン図書館にある大統領日記によれば、この日だけは、通常の起床時間である九時前後に比べて早く、なんと早朝五時三十分に電話で起こされている。この時間は日本時間で同日の二十一時三十分となる。ちょうど日航123便の燃料切れで日本航空側が公式に墜落の発表をした時刻と重なるのである。その電話の相手はリベリア共和国と記されているのだが、それが日本に関係しているのかどうか、その後に何があったのか、これだけではわからない。

いずれにしても、この日の早朝に起床してその後なんらかの事実を知り、指示を出したから、米国ボーイング社が十二日の最も早い段階で、調査員五名を送る決定を下し、十三日の飛行機で日本へ向かうと決定したのだろう。

当時、ボーイング社の一番の主力機と言えばこのB－747型機である。それもこの一機で五百二十人もの死者を出したのは前例がないとして強い関心をよせたことや、この十二日のうちに米国調査官二名の派遣が早急に決まったと、報道各紙に書いてある。

従ってこの公文書が届いた十四日には、すでに調査官が派遣されたことがわかっていたので、派遣されつつある調査団が日本にまもなく到着する、という意味で書かれていたのだ。さらに③のところだが、「さらに"more"」とわざわざ書いて、私たちにできることがあれば、お知らせくださいと結んでいる。かなり早い段階でお互いに事件を知り、それに米国へ協力要請をしていることになる。

最後の文に書いてある犠牲者に対するお悔やみの文言では④の事故は、原文では"accident"を使用している。こちらは突発的に発生したことの犠牲者という意味で、"accident"を使用したことがわかる。つまり、この言葉④と比較すると、日航１２３便が事件性のある出来事がきっかけで墜落したことを意識して、最初の言葉①で"occasion"と書いただろうことがより一層際立つ。

この日付の段階で、ロンとヤスは墜落原因を知り、それが事件だとお互いに伝えていた。そして何の疑いもなく、外務省職員は「事件」と聞いて、事件と書いた。

通常、事件という言葉は、犯罪性を帯びた出来事で、刑事や民事など訴訟行為の行われている際に使用する。官公庁の手続き上で、許可申請や、住民票、戸籍関連などの事柄を管理する法令用語として使用する場合もある。それ以外にも一般人の関心や話題となるときに使用したり、事件の中には事故を内包する場合もある。さらに不慮の事故が調査の過程で事件になっていくこともある。

しかし、航空機事故においては調査のプロセスが全く異なる。そこでは国際民間航空条約の取り決めに従って調査を行うことが決められており、その高い専門性を重視して技術的にも見識豊富で知識を持つ調査官が取り組むべきとして専門家による調査を基本としている。従って航空機墜落事故をまだ調査もしていない段階で事件とは呼ばない。ましてや事件だと思ったら事故だった、というアプローチの仕方も考えずらい。専門的で詳細な調査の結果、結論を出すまですべてが事故である。

次に、外務省が単なる関心や話題で安易に事件と書くことはない。それでは法令用語として日常的な手紙やメモなどでも、案件や事柄を「事件」と記入していたのかどうか、という点だが、確認してみたところ、元外務省職員は、手紙やFAXで法令用語として使用はしない、と語っていた。念のため私は、一九八五年から一九八六年当時の日米外務省書簡で公開されているものをすべて確認したところ、手書きで書いた文やFAXの件名などに使用する言葉は、通常の意味合いで使用していることがわかった。例えば、「レーガン大統領就任式に際しての総理よりの祝電（案）」、「〇〇の後任問題・総理発レーガン大統領宛てメッセージ」、「レーガン大統領発中曽根総理宛て礼状」、「大相撲アメリカ公演についての総理大臣からレーガン大統領への親書について」、「事務連絡・レーガン大統領宛て見舞電案の伝達」等である。従ってこの場合、事件と書いたのは、通常通りの発想で、「犯罪性を持つ事件」として書いたことがわかる。さらに、事故調査委員会の調査結果を聞くまでもなく、事件と判断した、となる。

事件――。

この重大な二文字が公文書から出てきたからには、ここからは想像の域ではなく、確実に事件として〈あの日〉を捉えていかなければならない。

さて、「事件と書いたのが単純ミスではないか」という疑問があれば、それに答えるのが次の証拠文書（図4、本書三五頁）である。

外務省の日米要人間書簡の電信案では、それ以降もFAXの件名で、「事件」と書いてある。

件名　JAL墜落**事件**――レーガン大統領よりの見舞電に対する総理よりの謝電――。

二枚とも件名に、「JAL墜落事件」と書かれている。ここで重要な点は、「件名欄」

に書いているという点だ。

この文章の内容自体は墜落事故へのお見舞いのお礼であるが、タイトルとしてこの言葉を使用していることに注目しなければならない。件名では明らかに二度も事件と記されている。日付は、昭和六十年八月二十二日である。

つまり、墜落後から十日が過ぎてもなお、間違いなく「事件」と記されており、先ほどの十四日の手紙（図3、本書二七頁）の手書き同様で単なるミスではない。

世間では事故と報道されていても、外務省職員の間では、ずっと事件という認識が続いていた、ということになる。

それには、墜落発生直後から、「日航機墜落事件」、「ＪＡＬ墜落事件」と書くほどの明確な根拠と事件性があり、疑う余地のないほどであったと十分推定される。事故調査委員会の調査結果を待つ必要もなく、明らかに事件とわかる原因があったということであって、それが十日以上過ぎても、外務省職員は当然のことながら「事件」として認識していたということだ。

事件――。それが八月二十二日に至っても続いていたことがわかった。
奇跡的に発見して手に入ったこれらの公文書は、「真相を明らかにしてください」

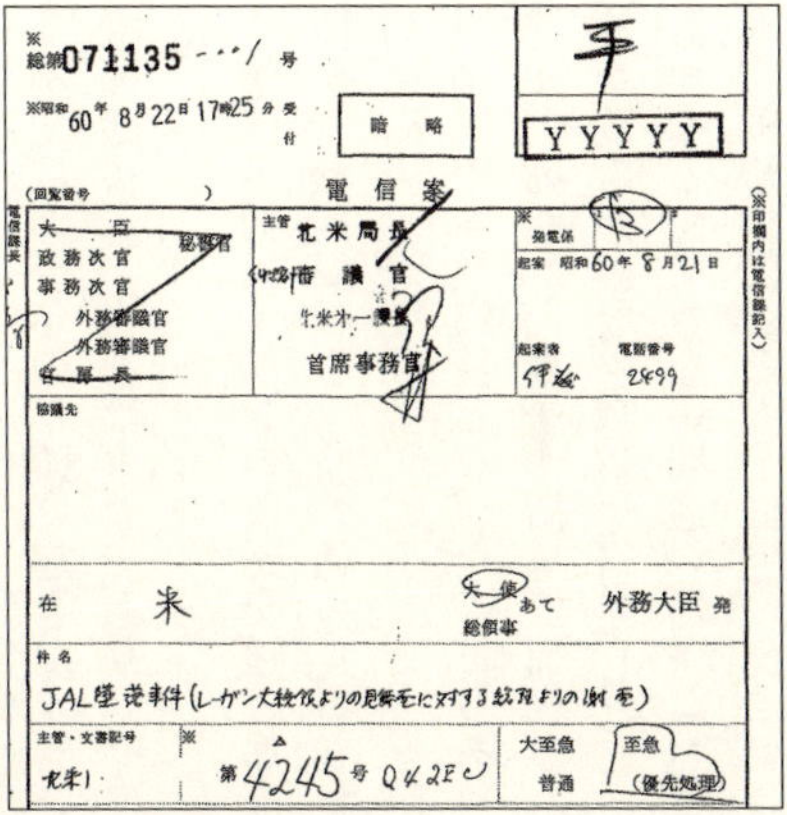
※総第071135－・・/号
※昭和60年8月22日17時25分受付
暗略
YYYYY
電信案
大臣　秘書官
政務次官
事務次官
外務審議官
外務審議官
官房長
主管　北米局長
審議官
北米第一課長
首席事務官
発電係
起案　昭和60年8月21日
起案者　電話番号 2499
協議先
在　米　大使　あて　外務大臣　発
総領事
件名
JAL墜落事件（レーガン大統領よりの見舞電に対する総理よりの謝電）
主管・文書記号
北米1
第4245号　Q42EC
大至急　至急
普通　（優先処理）

（注）
--->

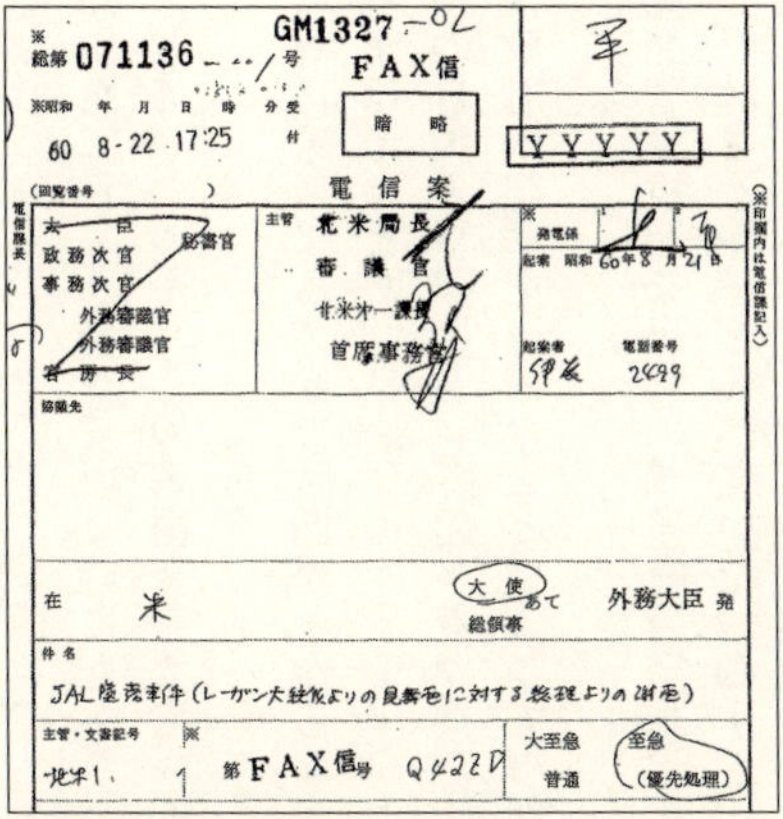
※総第071136－・・/号
GM1327－02
FAX信
※昭和60年8月22日17時25分受付
暗略
YYYYY
電信案
大臣　秘書官
政務次官
事務次官
外務審議官
外務審議官
官房長
主管　北米局長
審議官
北米第一課長
首席事務官
発電係
起案　昭和60年8月21日
起案者　電話番号 2499
協議先
在　米　大使　あて　外務大臣　発
総領事
件名
JAL墜落事件（レーガン大統領よりの見舞電に対する総理よりの謝電）
主管・文書記号
北米1　1
第FAX信号　Q422D
大至急　至急
普通　（優先処理）

（注）
<---

図4　外務省公文書　8月22日　FAX送付用

（注）件名に注目。1枚目（上）、2枚目（下）ともJAL墜落“事件”とある。

という天空からの贈り物のような気がした。

さて、なぜ外務省職員が、墜落からたった二日しか経っていないにもかかわらず、さらに一週間を経てもなお、事件と記入していたのか、その理由を考えていくことで、見えないものが見えてくる。

通常、航空機の墜落事故は事故原因の専門家による調査で時間がかかるゆえ、事故としたのちに事件という流れとなる場合がほとんどだ。

例えば、今年の年頭に起きたイラン国の自国の軍隊によって起きたウクライナ航空機の墜落も、当初は事故であり、その後政府が誤射を認めたことによって事件となった。

墜落当初、イランの道路交通・都市開発省は声明を出して撃墜を否定し、イラン民間航空機関局長も「筋の通らないうわさだ」と不快感を述べていた。しかし、米国当局は衛星、レーダー、電子データを駆使して情報を公開し、カナダのトルドー首相も自国民が多数犠牲となったこともあって、調査を公表した。結局、地対空ミサイル2発が発射された様子が衛星で捕捉され、その様子が世界中に公開されて急転直下、イラン政府が誤射を認めて謝罪した。イランのロハニ大統領は、「人的ミスだ。悲惨で許すことができない間違いだった」として哀悼の意を表した。事故から事件となる、典型的事例である。

さらに刑事裁判となった全日空の雫石衝突事故もそうだが、事故と書くのが普通だ。日航羽田沖墜落事故は、片桐機長逆噴射事件という驚愕の結果が報告されたために、墜落事故から事件となっていった。こういった流れが当然である。さすがに優秀な外務省職員が、事故と事件の区別もつかないはずもなく、わざわざ公文書に「事件」と記入するには、それなりの理由があるはずである。[*2]

その理由は何か——。

全日空と自衛隊訓練機が衝突した雫石事故を例にとると、自衛隊訓練機が、自らの命も顧《かえり》みず、わざと全日空機にぶつけようと思っていたわけではなく、訓練中に間違って衝突してしまった。従って過失致死罪となり、最高裁までいった刑事裁判ではその予見性や訓練教官の見張り注意義務などが争われた。

身近な例でいえば、交通事故の場合も通常、お酒もドラッグも摂取していないドライバーが注意して運転していたにもかかわらず、突発的事態で誤って人をはねてしまった際は事故、となる。大勢の人が歩いている歩道に車を乗り上げて走らせ、無差別に人をひき殺し、多数の死傷者を出した交通事故があったが、それは車による無差別殺人事件となる。故意か過失かの十分な調査が必要だが、いずれにしても、即座に判断はできない。

さらに司法の世界では、未必の故意という言葉がある。例えば人を殺そうという確実な意図があるわけではなくても、およそ人が死んでも構わない、犯罪が起きても構わない、という思いでの行為は、未必の故意と呼び、事件性が出てくる。事例では、交通事故を起こして、救急車を呼ぶこともなく怪我人をそのまま放置したり、自分の車に重傷の人を乗せたまま、病院にも行かずに閉じ込めておいた、というのも未必の故意である。これも即座にわからずに、その後の調査によって事件となる。

こういった文脈から考えると、日航１２３便では、即座にわかる理由がそこにあり、未必の故意も含めて故意的に発生した状況の中で操縦不能に陥り、その結果、墜落した、と言い切れるからこそ事件と書いた、となる。

従って外務省は、直ちに官邸からその報告を受けた。墜落原因が何か、誰がしたのか、どういう状況で発生したのか、すべてがわかった。その話の出所も信憑性があって、疑う余地のないものであった。

その結果、外務省職員は、「事件」と書いた。これほどわかりやすいことがあろうか。

このように外務省内で瞬時に事件とわかったことを、なぜ事故調査報告書には、いまだに事故と書かれているのだろうか。それも一年間以上もかけて調査をして出た結論が、後部圧力隔壁修理ミスという過失による事故だった、というのだ。そのような偽りの調査報告書を誰が信じるというのだろうか。事故調査委員会（二〇〇八年から運輸安全委員会と変更）は直ちに訂正して事件として書き直さなければならない。

事件を事故に——驚くべき詭弁の実態

当時の中曽根政権は、最初から事件と知りつつ、無理やり事故に変えていった、ということが公文書によって明確に見えてきた。そして、事件の原因を知りつつも、犯人を逃がして隠匿した実態がようやく明らかになった。

それでは、いつ、だれが、どの段階で事件を事故に変えていったのかを考えなければならない。私はこれまでの調査過程を分析して、その実態を解明することを試みた。

その際、ネット上に溢れる日航123便墜落に関する裏の取れない情報や、一部の報道関係者による意図的な誘導、某著者たちの故意的な謀略による本、根拠のない雑音といったたぐいのものは、一切排除した。そして、裁判に通用するほどの確証が得られた事実を時系列に並べながら、今回発見した公文書をもとに、どの段階で誰がどのように動き、隠蔽していったのかを具体的に考えてみた。今後、同じ手口で一般人が騙されないようにするためにも、この未解決事件を検証して解決することは、同様の原因による航空機墜落を防ぐうえで不可欠である。さらに事件を起こした「犯人」に謝罪と反省する機会を与え、遺族や関係者たちが、心から安らかになることにもつながる。

単独機世界最大の死者を出した日本国の一人ひとりの責任として自国民が検証すべき重要な事柄なのである。何よりも、521人（胎児も含む）が天空から私たちを見ているのだ。

それではまず時系列にそって、政府関係者の言動を注意深く見ていく。すると、恐るべき絡繰りが見えてきた。

○八月十二日（月）　墜落

日航123便が墜落した時刻、中曽根康弘首相は、夏休みで滞在中の「ホテル鹿島の森」がある軽井沢から上野へ向かう十七時十一分発の特急あさま22号の列車内にいた。

御自身の回顧録『中曽根康弘が語る戦後日本外交』（新潮社、二〇一二年）では、「午後七時過ぎに列車の中で第一報を聞いた」とある。

上野駅到着が十九時十五分。公用車に乗って上野駅を出たのは十九時十九分（『上毛新聞』）、公邸には、新聞社によってばらつきがあるが、十九時四十七分（『朝日新聞』）から五十分（『読売新聞』）に到着した。なお、上野から公用車でパトカーの先導があるにもかかわらず、通常十五分程度の道のりを二十分程いつもより長くかかって公邸に到着していたことになる。彼は車の中で、藤波孝生官房長官と最初の計画を練って車内電話で各方面に連絡をしていたから時間がかかった、と考えられる。当時は携帯電話がないが、車に設置された電話はあった。

新聞各紙では、中曽根首相は公邸入口で待ち構えていた記者団から墜落のニュースを聞き、「ほう、そうなのか?」といかにも知らなかったかのように答えているが、その時、うそぶいていたことになる。なぜならば列車の中で聞いたと回顧録にあるからだ。

その後の行動をその回顧録から抜粋すると次のようになる。

八時に執務室に入り、即時に報告を受けて対策指令を出して、「国民に政府の正式見解を出すのは事態の調査に万全を期して発表しなければならない」ので、「それまで私に留めて、私が合図するまで公式発表はならぬ」と指示を出した。そして、重要なのはつぎのくだりだ。

「米軍もレーダーで監視していたから、当然事故については知っていました。あの時は官邸から米軍に連絡は取らなかった。しかし恐らく、防衛庁と米軍でやり取りがあっただろう」と自ら語っている。

この本を編集したのは新潮社である。さらにインタビューをした研究者たちだが、この言葉を受け流し、何の追究もしていないところに不自然さが露見してしまっている。これが意図的ならば別だが、研究者がこの程度であれば、一般人はこの文章から何かを気付き、その深い意味などわかり得るはずもない。

拙著の『日航123便 墜落の新事実』でこの点を指摘して取り上げたところ、問題意識の高い多くの評論家や優れた知識人から、好意的な書評をいただいた。

なぜ不自然なのかといえば、日本国の防衛組織図にも書いてある通り、防衛庁は内閣の下に位置しているからだ。それにもかかわらず、官邸から指示がないまま総理大臣を飛び越えて、防衛庁と米軍が勝手にやり取りをしていた、と中曽根氏本人の口から言っている。これが事実ならば、前代未聞の異常事態になる。さて、次の言葉に注目したい。

中曽根首相「私が合図するまで公式に発表してはならない」。

航空機墜落事故の事実を公式発表するのは日本航空株式会社である。その原因を調査するのは事故調査委員会の役割である。なのに、なぜこの段階で中曽根氏の許可がいるのか。ここにも大きな矛盾が出ている。彼は報告を聞いて自衛隊が関与した事件とわかった。だから、国の発表ということを意識した発言をしてしまった、となると辻褄が合う。

中曽根首相「防衛庁と米軍でやり取りがあっただろう」。

もしこれが「日航とボーイング社が独自に連絡を取り合っていたのだろう」というならば、全く問題はない。

しかし、官邸、いわゆる首相を飛び越えて相談もなしに、国防に関することを防衛庁が米軍と好き勝手にやっていた、という前提で話をしている。そんなことを許していたとすれば由々しき事態である。彼自身、その点はよくわかっていたはずだ。

これは、二〇一二年出版の回顧録であるから、逆にいえば、米軍と防衛庁に自分が指示を出していたということを隠すために、自分の罪を逃れたい一心で、思わず発言したのではないかともとれる。それにしても、唐突に軍が関係していることを示唆してしまったのだ。恐らくうっかり言ってしまったのだろうが、これは言わなくてもいい一言だったのだ。人はどうしてもカムフラージュしようとして嘘をつくと、ことさらめいた言葉を発し、そこから逆に真意がばれるものなのだ。

書簡では二日後（八月十四日）、FAXの件名には八月二十二日（図4、本書三五頁）、つまり、実際に外務省ではすでに「事件」であると認識して、レーガン大統領への書簡で事件と書いていたのだから、その事件を引き起こした犯人は誰か知っていた、ということになる。

そうなると、中曽根氏自身の口からうっかり出た人が起こした事件であることは間違いない。つまりそれは、「米軍と自衛隊」だ、となる。

他の閣僚たちの発言からも、より一層真実が見えてくる。

同夜十一時から首相官邸で、山下徳夫運輸大臣を本部長とする政府の第一回日航対策本部会議が開かれた。

同日深夜、二十三時五十分、運輸省で記者会見があった際の山下運輸大臣の言葉は次の通りである。

「全く予想できない事故でびっくりしている。現段階ではまず乗客乗員の救出に全力を挙げる」、同会見後、大臣室ソファに座った山下運輸大臣は大きくためいきをつき、「技術的なことはわからないが、これは人災だ」と発言したとの報道があった。

山下運輸大臣「これは人災だ」。

運輸大臣が人災と認識したということになる。これもまた事件の真相を補完している発言である。逆に、「事故原因究明に全力を挙げる」という言葉は全く出て来ない。

通常、航空機事故の場合、当たり前に出てくる「事故原因究明」という言葉が全くないのは、明らかに原因がわかっていたからこそ、究明することに全力を挙げる必要などなかったからだ。だから、外務省も「事件」と書いていたのである。

さて「事件」は続いていく。

○八月十三日（火）　米軍トップに勲章

日付が変わり、深夜0時05分、今度は引き続き、事故調査委員会（通し番号第二〇四回委員会）の第一回目の会議が山下運輸大臣も出席して行われた。政府による第二回目の会議は10時00分、同日の午後には山下大臣は現地視察に行っている。その際のコメントは次の通りである。

「事故機は福岡から東京便で羽田に着いた後、東京から大阪便として出発した。私はその福岡から東京便に乗っていたが、そのあと整備や点検はしっかりとなされた。機長もベテランで人災ではなかったと信じている。あくまで天災と信じたい」

山下運輸大臣「あくまで天災と信じたい」。

人災と発言した翌日、今度は天災と信じたいと語っている。大きく揺れ動く信じたい気持ちには、何が含まれていたのだろうか。

私が二〇一〇年に山下徳夫氏にお会いした際、この話のみならず、オレンジ色に拡大した窓の外の写真[*3]をお見せしたが、山下氏はわざと驚いた表情をなさった。それは、どうか察してくれ、という意思表示に思えた。こういう気持ちだったのだろう。

この十三日の新聞各紙「首相の行動」によれば、同日16時30分に、クラウ米太平洋軍司令官、ティッシュ在日米軍司令官、マンスフィールド米駐日大使が同席して、18時50分までの長い時間、会談を行っている。『ジャパンタイムズ』によれば、クラウ氏へ勲一等旭日大綬章[*4]を授けたとあるが、中曽根首相は521人（胎児も含む）死亡の墜落現場へ行かず、先に米軍へ勲章を与えたということになる。

もう一度、外務省公文書の図2（本書二五頁）をご覧いただきたい。この場で同席している人、マンスフィールド大使のサインがある。その大使に託されたレーガン大統領の書簡に外務省職員が「事件」と書いていることからも、その場で何を話し合っていたのかは一目瞭然である。さらに、異例のスピードで、米国国家運輸安全委員やボーイング社調査団が、日本行きの飛行機に乗ってこちらに向かう準備を開始している。つまり、この場で日航123便事件の今後の処理について話し合ったといえる。

なおその日の夜に日本航空から、事故機が一九七八年に胴体後部底部を滑走路でこすって修理交換している機体であった旨が公表された。

○八月十四日（水）　隔壁修理歴発表

日本航空の根尾製造技術部機体グループ課長によって、墜落したJA8119号機の事故歴が明らかになったと全国紙で大々的に報道された。

同日、15時55分に首相官邸にて、日本航空社長である高木養根《やすもと》氏が中曽根首相と面談している。高木社長は、十二日深夜、山下運輸大臣に「パイロットミス、事前点検ミスはなかった」と報告しているが、ここで事故歴があったことを正式に伝えたのだと思われる。引き続き、事件であることを公表するかどうか、事故歴の飛行機のせいにするのか模索中だったのだろう。ちなみに高木社長は、後日、遺族の面前で「官邸に行けば殺される」と発言していることから、よほど強力な圧力を受けたようだ。高木社長は、単独機世界最大の死者を出した自社の飛行機が、事件によって墜落したことを聞いたのだろうが、事件を事故としてもみ消すための話もあったのではないだろうか。彼は当時の日本航空が半官半民[*5]であって、自社の歴史上初めての生え抜き社長であったにもかかわらず、毅然とした態度で突っぱねることができなかった。自分たちの仲間の運航乗務員と客室乗務員、合計十五名も犠牲となって殉職したことを考えると、社長としてやるべきことをせず、その後、犯人隠蔽という大罪を犯したことになる。

この日の深夜、ボイスレコーダーとフライトレコーダーが回収された。解析や再生は十六日以降になる予定との報道があった。

○八月十五日（木）　垂直尾翼調査

同日午後、米国ボーイング社の事故調査部門技術者チーム五名、米国国家運輸安全委員会（NTSB）の調査官二名、運輸省事故調査委員、米政府関係者（米国大使館員）らが、神奈川県第一機動隊（横浜市金沢区）を訪れている。そこには、相模湾で回収した垂直尾翼の破片や方向舵の一部等の落下物が保管されていた。立ち会った神奈川県警の話が次のように報道されている。

「米国側の国家運輸安全委員会（NTSB）とボーイング社だけが中に入り、落下部を詳細に検分していた。十三日に回収された垂直安定板に注目。特に何か強力な衝撃でちぎられたようなギザギザの切断面を見せる下部（接合部分）とさらに上部を詳しく見ていた」ということだった。

米国の調査団が来日して最初に注目したのは垂直尾翼周辺であった、ということがわかる。つまり、墜落現場の御巣鷹の尾根上の残骸ではなかったのである。事件は相模湾上空で発生し、それが事故ではなく、事件であることが明確になっていった。

そしていよいよ中曽根氏は動いた。それは夫人と一緒に人間ドックに入ることだったのである。

　五百二十人が死亡した世界最大の単独機墜落で遺体収容の最中、現場に行くこともなく人間ドックだ。報道関係者には、通常予定していた健康チェックだ、とさらにうそぶいた。場所は東京女子医大病院。この日の16時21分から、次の日も検査と休養でまる一日病院となっているため、首相の動静は報道陣には全くわからない。病院ならば裏口はあるし、自由がきく。ここで各方面に様々な依頼や話し合い、今後の方針についての詳細な計画を練ったのだと思われる。

○八月十六日（金）　最初の隠蔽工作——スクープ記事

　ようやく回収されたボイスレコーダーとフライトレコーダーの解析が開始された。損傷も激しいため、すべてが明確になるには一週間以上かかる、とのことだった。

　上野村の墜落現場において、事故調査委員会の委員が「お椀状の原形をほぼ完全に残した後部圧力隔壁を発見」と語ったと報道されていた。しかし、破損していない後部圧力隔壁を発見したにもかかわらず、おかしなスクープ記事を出したのは、『毎日新聞』であった。

「一九七八年の尻もち事故の修理ミスが疑われる後部圧力隔壁の破損が事故原因と思

われる」という内容であった。唐突に出てきた後部圧力隔壁破壊説だった。墜落してたった四日後に出たこのスクープ記事は、あまりにも無責任な報道であった。

それにもかかわらず、この日を境に、この曖昧な情報に引きずられていく。

なお、『毎日新聞』ではその後の二〇〇〇年に、この当時の自分たちのスクープそのものを否定している。記事は拙著『日航123便 墜落の波紋』（河出文庫）の七九頁に掲載した。

見出しは次の通りである。

「日航機墜落　きょう15年　「圧力隔壁説」に？？？
機内与圧低下の影響見られず　在日米軍、現場降下直前に帰還　遺族に知らせず
関連資料廃棄」

そうなると一体、誰が故意的にスクープさせて、その方向で記事を書くように誘導していったのだろうか。その情報を流した『毎日新聞』内では、当時はスクープだったともてはやされたことだろう。しかし、十五年後は自ら否定せざるを得なかったのである。

しかし、それから三十年後の二〇一五年七月二十六日、その「スクープ」をリーク

したのが実は米国側であったことが、次のような報道からわかってきた。

「一九八五年九月六日、『ニューヨーク・タイムズ』紙が、同機がしりもち事故発生時にボーイング社による修理ミスがあり、それが墜落の原因であるとNTSBが見解を出した、と報道したのは、実は当時のNTSBの幹部が意図的に英国有力紙に漏らしたからであると、元幹部が証言した。その理由は、日本の事故調査委員会側が全く報道しないので、じれったく思って先に米国から出したのだ、と語っていた」

あのスクープもこの『ニューヨーク・タイムズ』紙への発表前であったから、この記事同様に、一連の流れとして米国国家運輸安全委員会（NTSB）による意図的な策略であったのだろう。それに引っかかったのが『毎日新聞』記者であったとなる。

ただ、スクープや『ニューヨーク・タイムズ』紙に出させる計画は、日米が合意していなければスムーズにいかない。しかも、特に『毎日新聞』の場合はボイスレコーダーもフライトレコーダーも全く解析していない段階で、スクープさせた、ということになる。

このような状況であっても、外務省職員はスクープ報道を無視して、淡々と事件と認識していたことになる。外務省がなぜこのように確信的に事件と書いたのか、それについては後で述べる。

○八月十七日（土）　ボイスレコーダー一部公開と日航側の反論

ボイスレコーダーの録音の一部が公開された。その日の午後、日米合同調査において、墜落現場を訪れ、報道陣をシャットアウトして後部圧力隔壁部分を復元して検証を行ったと報道されている。

なお翌日、圧力隔壁破壊説に対して、日航側が反論を開始した。

○八月十九日（月）　日航側・後部隔壁修理ミス説全面否定

日航側が独自の調査をしたコンピュータ解析結果を発表した。河野宏明整備部長が会見して次のように述べた。

「突風など何か外からの力で垂直尾翼が折れ、それに伴い隔壁に傷がついたとも推測できる」として、外的要因を強調したのである。外的要因、これについても後から詳細に述べる。

とにかく日航側は必死に原因を突き止めようとコンピュータ解析を行った。その段階で、飛行機の残骸や客観的証拠物に基づいてできる限りの調査をしていた。そして突き止めたのは、外的要因の可能性であった。高木社長はその報告をどういう気持ちで聞いたのだろうか。

すると、今度はそれに対して運輸省が、猛反撃に出てきたのである。

○八月二十日（火）　運輸省・圧力隔壁説を擁護

そこで突然に出てきたのが、運輸省の大島航空局技術部長の発言である。
「圧力隔壁が事故に重大な絡みがある」
日航側が、外的要因を指摘した途端、運輸省側は圧力隔壁説を強調した。実は外務省同様に、運輸省では内部ですでに事件とわかっていたはずだ。それを隠すために、圧力隔壁説を出してきたことがここからわかる。この大島航空局技術部長は、さしずめ森友問題の佐川宣寿氏同様なのだろう。このやりとりから、非常にわかりやすい構図が見えてくる。

外務省が事件と認識していたのだから、同じように運輸省も事件と認識していた。それにもかかわらず、わざと事故を強調するコメントを出した。しかも、航空機事故は専門性が高く、調査は専門家の事故調査委員会が行うことになっており、その報告書も、調査すらまだ進んでいない段階で、結論を先に決めつけた発表をしたのである。何を根拠にこの人はこのような発言をしたのだろうか。航空局では何の実験もしていない。

つまり、この時すでに官僚たちは、墜落原因が「事件」によるものとわかっていた。だからこそ、今度は省庁間で口裏を合わせるようになっていった。この時、日本航空側が内部調査と独自のコンピュータ解析結果で外的要因を発表したことに、よほど慌てたのであろう。

その一方で、まだこの時点では、日航側の技術者たちは事件について何も聞かされていなかったのだろうと推定される。だからこそコンピュータ解析結果を発表した。ただし、高木社長や、元運輸省事務次官の町田直副社長は、「事件」ということを知っていた可能性は高い。それならば、なぜ職員（当時は半官半民で職員と呼んでいた）たちへそれを伝えなかったのだろうか。

実際にそのとき職員だった私の周囲でも、全くその気配すらなかった。この私ですら、本を執筆する前は報道発表を鵜呑みにしていたくらいである。それにはおそらく、次の三つの要素が働いたと考えられる。

一つは、高木社長は、中曽根康弘首相から事件の詳細は聞かされずに、米軍にやられたという説を強調され、政府が外交で片を付けるまで、社長の胸の奥に収めておくよう強く言われた。ただ社長としては、社内調査を公表することによって本当の墜落原因を明らかにしてほしいと願っていたから、職員たちの調査結果を見守っていた。

二つ目は、このとき日本航空は半官半民で、五十パーセントの株式を政府が持っていたことから、主導権は政府にあり、中曽根康弘首相の言いなりになるしかなかった。

さらにこの時代の日航職員は政府関係者の子弟が多く、社長といえどもトップダウンできるような統率力はなかった。むしろ乗員組合等のほうが強くてパイロットの給料は社長よりも高く、いつも労使間の問題が絶えなかった。従って、政府の発表を待つしかなかった。

三つ目は、まさかこの時点で自分たちが濡れ衣を着せられる可能性があるなどとは思っていなかった。万が一、職員たちに罪をかぶってくれと伝えたら、自分の社長としての立場や労使間の信頼関係は吹き飛ぶ。職員になじられるのは当然であり、職員を悪者にすることができなかったゆえ、伝えられなかった。

このように、社内が揺れ動く中、それぞれの遺族に世話役として日航職員が付き添い、遺体確認の現場では罵声や苛立ちの矛先が日航職員に向けられた。医療関係者が白衣に、「日本〇〇大学」と書いてあっても、日本航空の文字のうち、その一つが入っていれば殴られて大変だったと聞いた。凄惨な遺体の棺桶の中に顔を突っ込まれた職員もいたし、その後自殺した職員もいた。

だからこそ必死に事故原因を探ろうと社内調査をしていたのだろうが、それを運輸省の官僚は何の根拠もないまま、霞が関の机の上で証拠もなしに後部圧力隔壁だと言い、否定し続けたのである。まるで佐川氏の指示で公文書を改ざんした森友問題と同様である。

実際にその後、運輸省で修理改造検査担当検査官の東京航空局航空機検査官、田島泰さんが自殺している。これも森友問題で改ざん指示を訴えて自殺した赤木俊夫さんの場合と同様である。

このように世論が右往左往する中、その重要証拠物の後部圧力隔壁は、すでに十三日の段階で自衛隊員によって電動ノコギリで放射線状に沿って切り刻まれてしまっていた。この重要証拠物が、あっという間に細かく切断されて、それをまだ墜落現場の山から降ろして検証もしていないうちに、「後部圧力隔壁」説だと運輸省が強調しているのである。これは明らかに、誘導的発言であることがわかる。

しかしながらこの発言によって、報道各社は加速度的に圧力隔壁説に傾いていくのである。なお、当事者のボーイング社と日航は、それを否定し続けていた。

○八月二十二日（木）　中曽根康弘首相在職千日祝い

この日、戦後五番目の長寿となった首相在職一〇〇〇日、として、満面の笑みをたたえた中曽根康弘の顔が報道に出てくる（図5、本書五八頁）。彼はこう語った。

「今年の夏、週末は軽井沢で過ごし、健康優良児になるよ。まずゴルフだったが、日航機事故以降は自粛している。代わりにテニスと水泳、読書三昧で過ごしている」

そして政治部記者との楽しい会食に余念がない。そして、この時点でも上野村に行っていない。

　なお、本当にそうだったのだと確信したのは中曽根首相逝去時の報道だった。昨年十一月の逝去報道では、各局が申し合わせたように、「日航」という文字を外した。中曽根首相が日航民営化を成し遂げたことや、在任中の世相として、一九八五年に世界最大単独機死亡事故となった１２３便の報道をしなかった代わり、その時の軽井沢での夏休みのフィルムを公開した。喜々として楽しそうにプールで泳ぐ首相の顔を見て、私は事件を事故として偽ることができる人の心根が露見したと感じた。それはまるで、うそぶけることが首相になる条件なのだと言わんばかりであった。これは他人を犠牲にしてもかまわないほど自己愛が強く、自分の地位を守りたかったに過ぎなかったと思われても仕方がない行動である。中曽根首相が「楽しい夏休み」と語っていた時、まだ遺体が見つかっていない遺族たちはどのような思いでその言葉を聞いていたのだろうか。ましてや、中曽根氏の選挙区内に墜落したのである。早急に墜落現場に行き、陣頭指揮を執るのが当たり前であろう。ちょうど同じ時期、イギリスでも飛行機の墜落事故があったが、サッチャー首相（当時）はすぐさま休暇を返上し、夫とともに墜落現場に駆け付け、親身になって遺族の悲しみに寄り添ったという記事が出ている。それに引き換え、中曽根首相は「５２０人死んでも楽しい夏休み」という皮肉ともとれる記事が出ている有様だ。中曽根氏は一体どういう思いで休暇を楽しんで

図5　中曽根康弘首相1,000日
達成を祝う新聞記事

■57年11月27日――60年8月22日■

中曽根内閣 1,000日

戦後5位、支持率59%…

「平常心」と余裕

『朝日新聞』（1985年8月22付）

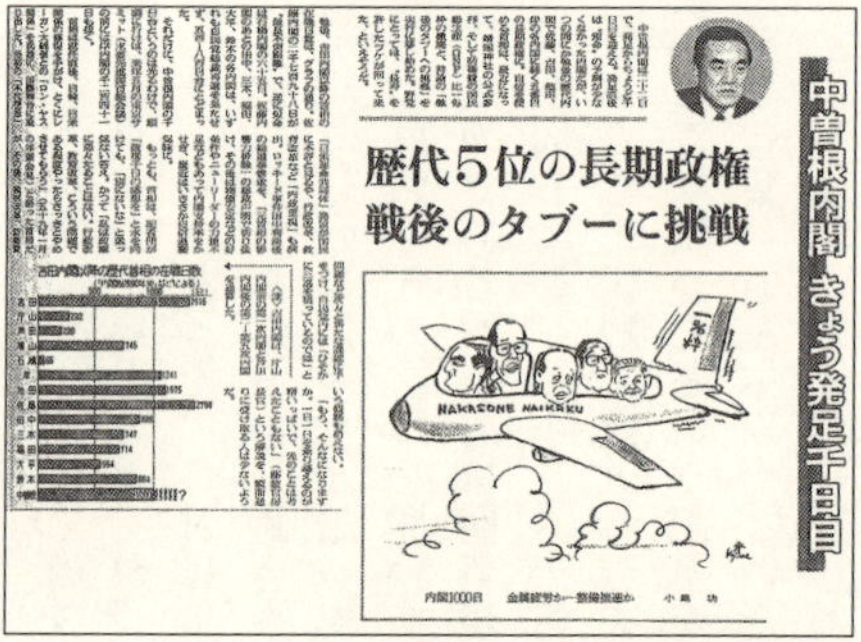
中曽根内閣 きょう発足千日目

歴代5位の長期政権
戦後のタブーに挑戦

『読売新聞』（1985年8月22付）

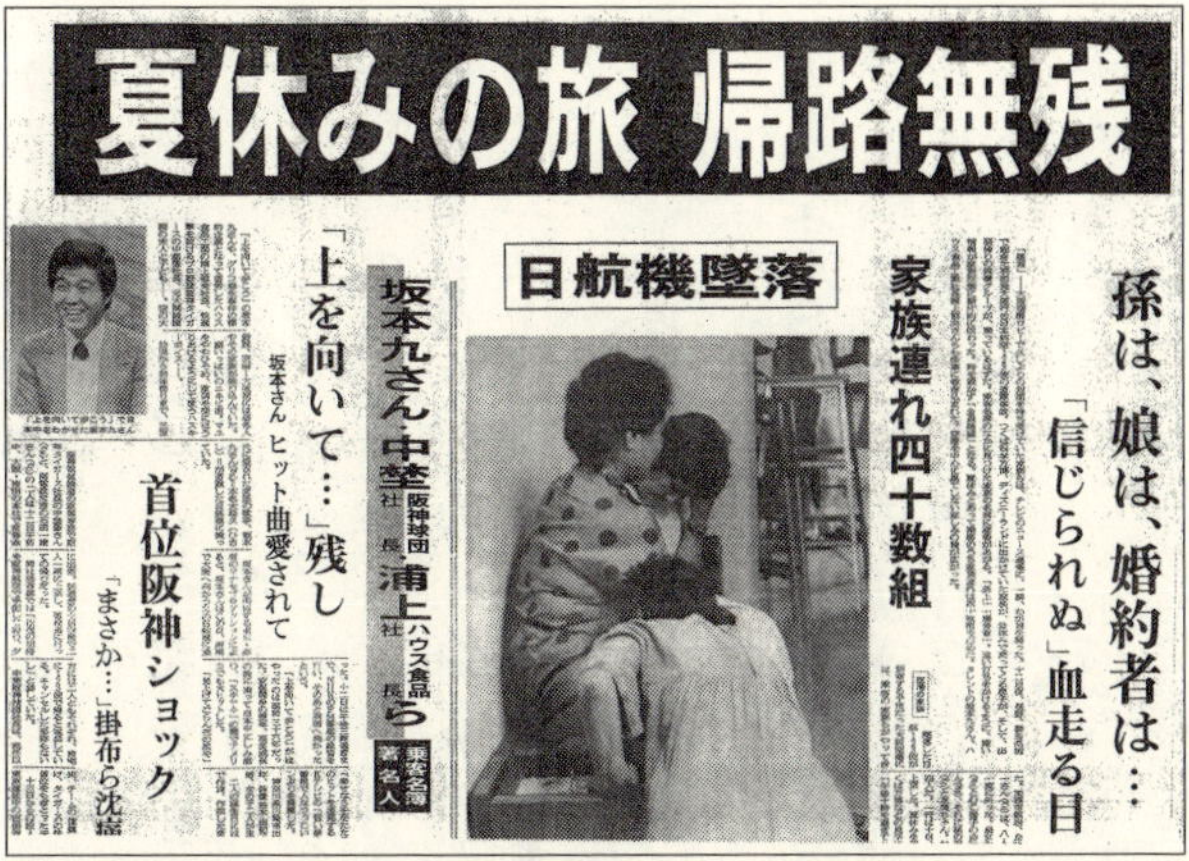

夏休みの旅 帰路無残

孫は、娘は、婚約者は…

「信じられぬ」血走る目

家族連れ四十数組

日航機墜落

坂本九さん・中埜阪神球団社長 浦上ハウス食品社長ら

乗客名簿 著名人

「上を向いて…」残し

坂本さん ヒット曲愛されて

首位阪神ショック

「まさか…」掛布ら沈痛

図6　遺体確認作業中で悲嘆にくれる人々　『朝日新聞』（1985年8月13日付）

いたのか。信じられないような満面の笑顔の映像は、当然遺族のみならず、国民の怒りを買った。しかしながら、これを後追いする記事もなく、取り巻きの記者と遊んでいる姿への批判すら消えていった。

彼は、異常なほどの執着心を持って、ただ首相であり続けたかっただけなのではないか。

この時、隣の上野村では、壮絶な現場での遺体収容の作業中であった（図6）。検死医師たちは、凄まじいほどに炭化した遺体を前に、わずかに残った歯型から死に物狂いで身元確認を行っていた。この大惨事があった隣町で、首相と一緒に会食をしていた政治部記者たちは、その後どのような思いでこの事実を受け止めたのだろうか。それとも、いまだに隠蔽に加担しているのだろうか。

○八月二十三日（金）　事故調査委員会による隔壁説否定

さて今度は運輸省発表について、事故調査委員会が反論した。当時はまだ運輸省内に設置されており、現在のように外局として独立した組織ではなかったのだが、現場に出向き、実際に調査を行っていた調査官の発言は次の通りである。

「隔壁に大穴はなかった」と語ったのだ。

つまり、事故調査委員会側は、大島航空局技術部長の発言に、異議を唱えたことになる。ここに、両者のせめぎ合いが見て取れる。当事者の日航とボーイング社は依然として隔壁修理ミス説を否定しつづけている。

○八月二十七日（火）　第一回中間報告・隔壁説はまだ未定

この日、事故調査委員会が第一次中間報告を出した。しかし、その内容は後部圧力隔壁説を決定づけるものではなかった。衆議院運輸委員会での答弁で、まず山下運輸大臣は、

「警察、事故調査委員会の捜査が本格的に始まったばかりで、まだいつ頃判明するかわからない。相当時間がかかる様子だ」と語っている。

航空事故調査委員の藤富事務局長は、「機体後部になんらかの不都合がみられて、これが原因の一つであると思われるが、ただちにこれだという段階ではない」と答弁している。そして、運輸省の大島航空局技術部長は、「ジャンボ機の一斉点検では特に不具合は見つかっていない。日航立ち入り検査では、整備関係を重視する」としながらもさらに、「私どもは圧力隔壁が事故に重大なからみがあると理解している」と強調して付け加えた。

自分の省の運輸大臣が、「捜査が本格的に始まったばかり」と語るにとどめ、事故調査委員も「これだという段階ではない」と言っているにもかかわらず、である。

この運輸省官僚の発言を見ても、最初から圧力隔壁に導きたいという意思が見て取れる。

○九月六日（金）　米国の『ニューヨーク・タイムズ』紙で隔壁説を強調

ここで、先ほどの『ニューヨーク・タイムズ』紙が、すっぱ抜きの記事を書いた。「同機には、しりもち事故発生時にボーイング社による修理ミスがあった、それが原因だ、というのが、ＮＴＳＢの見解だ」

これで流れが一気に修理ミスに傾いた。事故調査委員会の発表に対して、じれったたく思って出した、という前述のとおり、世論をうまく誘導できたことが、ここから確認できる。

○九月十四日（土）　第二次中間報告・日航隔壁説否定

事故調査委員会が第二次中間報告を出した。七年前の大阪空港における尻もち事故の修理ミスによって金属疲労が生じたことが原因で、後部圧力隔壁が破壊されたという内容だった。それでもなお、日航の河野宏明整備部長は、ボーイング社の修理ミスを否定した。

○十月二日（水）　ボーイング社がミスを突然認めた日

修理ミスを否定し続けていた米ボーイング社が、突然、修理ミスを認める発言をした。

なお補足説明をすると、この年、ボーイング社は史上最高の利益を上げた。日本政府は、修理ミスをしたボーイング社の飛行機を全日空も含めて当事者の日本航空においても、防衛庁に対しても大量に購入することを指示したのである。年度末には、同社は過去最高の売り上げを記録した。

どこに、五百二十人を死亡させる修理ミスを犯した会社の製品を、大量に引き続き買う会社があるだろうか。日本航空もそんな会社の飛行機をいくら購入しろと言われても、恐ろしく危なくて購入できるはずがない。防衛庁もそうだ。税金でそんな会社の製品を大量に購入できるわけもない。遺体がまだ見つからないと泣き叫ぶ遺族の声に耳を傾けている最中、大勢の方々が犠牲となった飛行機をさらに買う？　そんなことはできるわけがない。

しかし、表向きの事故原因は修理ミスだが、実は違うのだ、と聞かされたのならば話は別である。さらにそこになんらかの取引が存在していたことになる。

ボーイング社は当該飛行機のみがミスをしたと認めることと引き換えに、日本政府側に自社機を大量に購入してもらう約束をしたと容易に推定される。

○十月九日（水）　事故調査委員会委員長辞任・他の委員も数名辞任

事故調査委員会委員長の八田桂三氏が体調不良で辞任をして、後任は武田峻氏となった。

なお、後任の武田氏は、相模湾に沈んだままの航空機の残骸を引き上げよと詰め寄った遺族十一名に対して、思わず「引き上げて余計なものが見つかったら困る」と発言した人物である。この発言は出席していた遺族から証言が取れている。あきらかに彼は事件を隠し、事故とするために、異論を封じ込める役割を頼まれて、それを認識しながら、委員長の後任を引き受けたことになる。なお、いつも政府の発表を擁護するときは『読売新聞』が出てくるのだが、その『読売新聞』の社会部にいた記者が武田氏にインタビューした内容を本にしている。その中で武田氏は「あれは事故だった」ということを強調する物言いをしていたが、いくらそう語っても、当時の外務省が公文書に書いた「事件」を、「事故」にした最高責任者としての罪は重い。武田氏が大正生まれの東京帝国大学卒でその分野では権威があり、なおかつ令和の時代と世情が異なるのだ、というような言い訳はできない。

公式発表では五百二十人だが、あえて胎児を含む521人としてこの数字が物語る深い意味を考えると、彼らの人生を奪った原因を調査するにあたっては、そのいのちと遺族の想いに応えることを最優先に考えて調査するのが本来の委員長の役目である。今となっては国民の信頼を裏切ったとしか言いようがない。

いくら権威のある方であっても、人として、絶対にやってはいけないことなのである。

その後に出た事故調査報告書による結論は周知のとおりで、後部圧力隔壁の修理ミスに起因する墜落事故と変えられて、これは現在、今この時まで変わっていない。

これらをまとめると、次のような流れとなる。

日航が指摘した外的要因説やボーイング社による修理ミスの否定が続く中、政府はこれらをねじ伏せて、「事件」を「事故」にすべく、金銭を絡めた取引を早々に開始した。

次に、事故現場に出向いた事故調査委員会が指摘した「後部圧力隔壁修理ミスではない、ほぼ完全な姿で発見された」という発言を否定して、この見解を完全に無視していった。さらに運輸省の航空局部長は、後部圧力隔壁修理ミス説を声高に唱えた。それでも事故調査報告書の中間報告では、まだ修理ミス説を確定していない。

すると今度は突然、米国内の新聞で修理ミス説がスクープされた。それが報道されてから、国内報道のすべてが、後部圧力隔壁修理ミスが原因である、となっていった。

その混乱の最中、自衛隊員が重要な証拠物の後部圧力隔壁を破壊して寸断し、梱包処理してしまった。なお通常、犯人というものは自分が犯した証拠を隠滅することを優先するものだ。運輸省航空局も自衛隊員による証拠物隠蔽を咎めることもなく黙認した。

こうやって、外務省官僚が明確な意思を持って記録した「事件」は、まだ科学的根拠が何もない段階で、運輸省官僚によって「事故」となり、世間に公表されていったのである。

次に報道の流れはどうであったかというと、初期段階の報道では、オレンジ色の物体がぶつかったのではないか、自衛隊の標的機が衝突したのではないかなど、隔壁説以外の外的要因を指摘する様々な疑惑や疑問を持つ人たちの報道も多かった。

しかしながら『毎日新聞』のスクープ記事がきっかけとなり、米国内での新聞報道によって、まだ調査結果も出ていない段階から隔壁修理ミスだと断定されるという報道に傾いていく。外圧に弱い日本人の典型的心理を利用したとも言えよう。その中で異論は掻き消されていった。外的物体要因説を唱えた人には荒唐無稽とレッテルを貼り、その後もこれらを陰謀論と呼んで、一切無視を決め込んでいった。

しかし、外務省内では早々に「事件」だと認識しているのであって、それを事故と言い張ってきた政府の思惑が透けて見えてきた。

今だからこそ言えること、それは、「後部圧力隔壁修理ミスによる墜落事故」、これ自体がこの時の政権が作り上げた陰謀だったのだろう。

さらに金銭取引の実態は、次のように明らかになった。

その年の一九八五年十二月二十七日付『日本経済新聞』によれば、ボーイング社は、二兆四千九百億円という過去最高の受注を得た。その後も自衛隊やＡＮＡも含めて日本政府はボーイング社の飛行機を買い続けた。ちなみにＡＮＡはＪＡＬと違って民間会社だったのだが、レーガン大統領がＡＮＡも購入してくれてありがとうというお礼まで述べている（図7、本書六九頁。原文は巻末資料として本書二六二〜二六三頁に掲載した）。

一方、五百二十人の犠牲者を出した日本航空の株は、事件発生時は下落したものの、その後政府株放出の思惑が報道されてからはうなぎ上りとなり、なんと、その一九八五年の年末の株価は史上最高値を付けた。こうやって、両社は５２１人（胎児も含む）のいのちを金銭と引き替えた。そして事件の隠蔽に加担する道を歩んでいく。

これが、当初から事件であったにもかかわらず、事故にされていった過程である。

反省なき政府の大罪

何か大きな出来事の裏には、必ず予兆というものがある。それが全日空雫石衝突事故だ。

一九七一年七月三十日、自衛隊二機編隊（教官機と訓練機）が、千歳発羽田行の民

間航空機飛行ルート（ジェットルートＪ11Ｌ）に入り、そのうち訓練機が全日空機の垂直尾翼上部安定板左側面部と接触して破損し、民間機を墜落させた。接触した場所が岩手県雫石町上空であり、乗員乗客百六十二名の全員が上空から落下して死亡した事故である。地元民が「見上げた空から、まるで人間が降ってきたようだった」と表現するほど、突発的でむごく痛ましい現場だったのである。自衛隊員は脱出用パラシュートで助かった。この時の増原恵吉防衛庁長官は、結局、就任からわずか二十八日で引責辞任に追い込まれ、内海防衛事務次官ら防衛庁職員の大量処分、上田空幕長更迭他自衛隊幹部、第四空挺団、松島基地関係者等、広範囲の処分が行われた。

実は驚くべきことに中曽根康弘はこの前任者であったのだ。つまり彼は、この事件が起きる直前の七月五日まで防衛庁長官であった。今思えば、彼がもう少し長く務めていたならば、悲劇的な事故を体験して二度とこういうことを起こさないと心から誓っただろう。中曽根康弘総理大臣も誕生していなかっただろう。

なお当時の新聞には、「これはアメリカではよくあるらしい」という見出しの記事があった。

「米国内ではつい一ヶ月前の六月六日に、ロサンゼルス山岳地帯上空で、米海軍のファントム機と民間機が空中衝突をして五十人が死亡した」（ヒューズ・エア・ウエスト706便空中衝突事故）、とある。そこで各国は、民間機と軍用機を同一管制下に

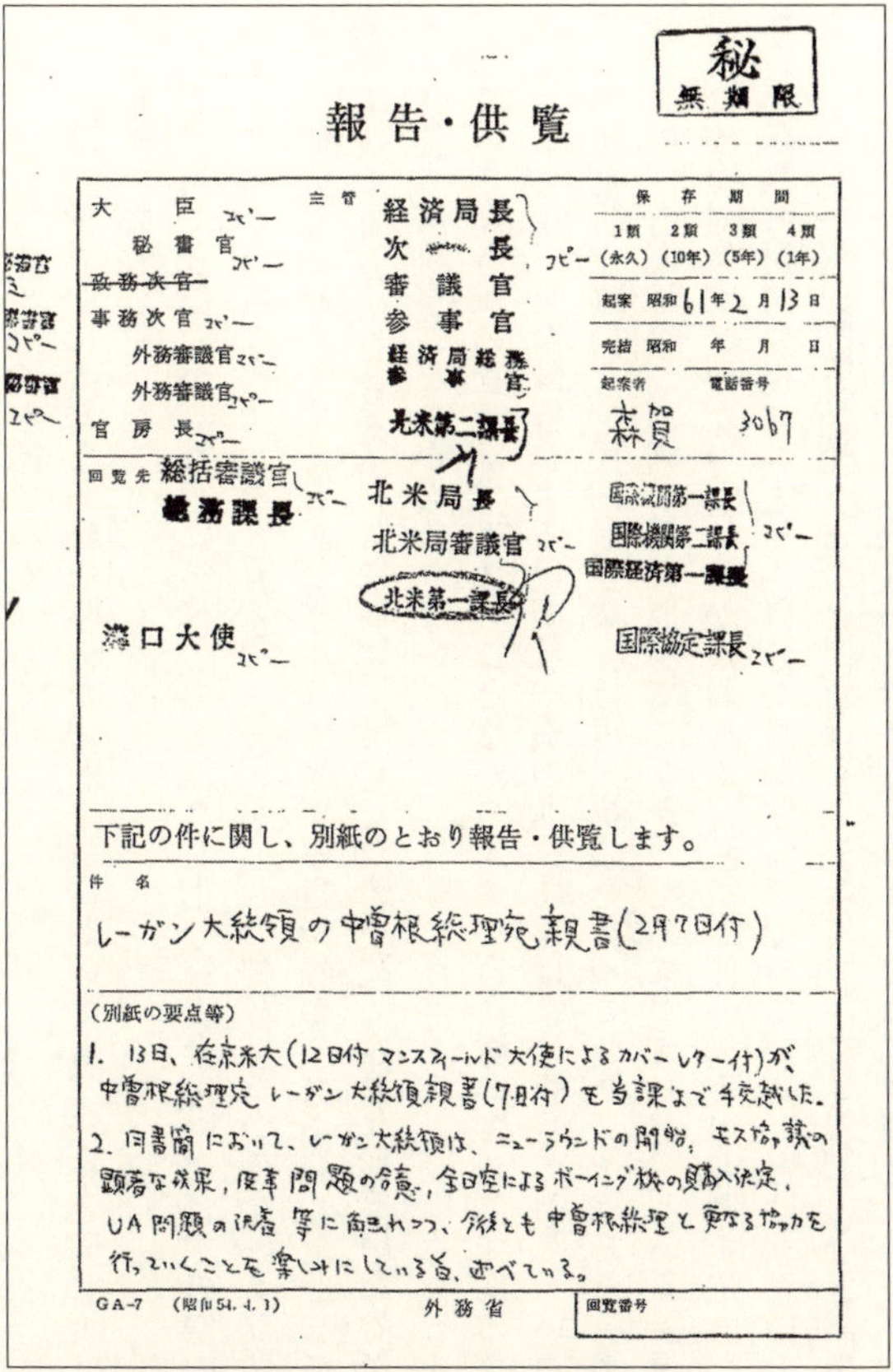

秘　無期限

報告・供覧

大臣 コピー
秘書官 コピー
~~政務次官~~
事務次官 コピー
外務審議官 コピー
外務審議官 コピー
官房長 コピー

主管　経済局長、次長、審議官、参事官、経済局総務参事官 コピー
北米第二課長

保存期間　1類（永久）　2類（10年）　3類（5年）　4類（1年）

起案　昭和61年2月13日
完結　昭和　年　月　日
起案者　森賀　電話番号　3067

回覧先　総括審議官、総務課長 コピー
北米局長
北米局審議官 コピー
北米第一課長
国際機関第一課長、国際機関第二課長 コピー
国際経済第一課長
国際協定課長 コピー
溝口大使 コピー

下記の件に関し、別紙のとおり報告・供覧します。

件名

レーガン大統領の中曽根総理宛親書（2月7日付）

（別紙の要点等）

1. 13日、在京米大（12日付マンスフィールド大使によるカバーレター付）が、中曽根総理宛レーガン大統領親書（7日付）を当課まで手交越した。

2. 同書簡において、レーガン大統領は、ニューラウンドの開始、モス協議の顕著な成果、皮革問題の合意、全日空によるボーイング機の購入決定、UA問題の決着等に触れつつ、今後とも中曽根総理と更なる協力を行っていくことを楽しみにしている旨、述べている。

GA-7（昭和54. 4. 1）　外務省　回覧番号

（注）
←---

図7　外務省公文書のFAX（昭和61年2月13日付）

（注）要点の欄に「全日空によるボーイング機の購入決定」とある。なお、この親書の原文は巻末資料（p.262-263）に掲載した。

置くべきだ等々の議論が始まった。

この時、世界中に大きな衝撃を与えた雫石事故においても、米軍と同じように自衛隊が大きな失敗を犯したことになる。

そこで出てきたのが「雫石に学べ」であった。十分な安全策や、日本の空の管制を改善することのみならず、もし万が一失敗しても、「絶対にわからないようにする方法」も研究し始めたとすると、こうやって米軍と自衛隊がミスを犯したとしても、本気で隠蔽する方法を考え出したのだろう。その成果が、完璧な形で出たのが、日航123便未解決事件なのかもしれない。

当時の新聞各紙の社説は、当然のことながらすべて自衛隊の責任論である。

実はこの頃、自衛隊機による民間航空機の進路妨害は常態化しており、いつか惨事となる可能性が高いと、民間航空業界は再三抗議を行っていた。そうした抗議にもかかわらず、自衛隊側が真剣に受け取ってこなかった結果がこれだ、という論調である。早急な安全対策が必要だったにもかかわらず、防衛庁側の無視が悲劇を招いた、さらに自衛隊側の民間軽視、つまり「自分たちが守ってやっている」という思い上がりがあり、この歪んだ防衛意識で士気を高揚させることは決して許されない、と記事は書く。

『讀賣新聞』の昭和四十六年八月一日付社説（図8）では「シビリアン・コントロールからいって、自衛隊のこうしたありかたをただすのは政府の責任である」、そして

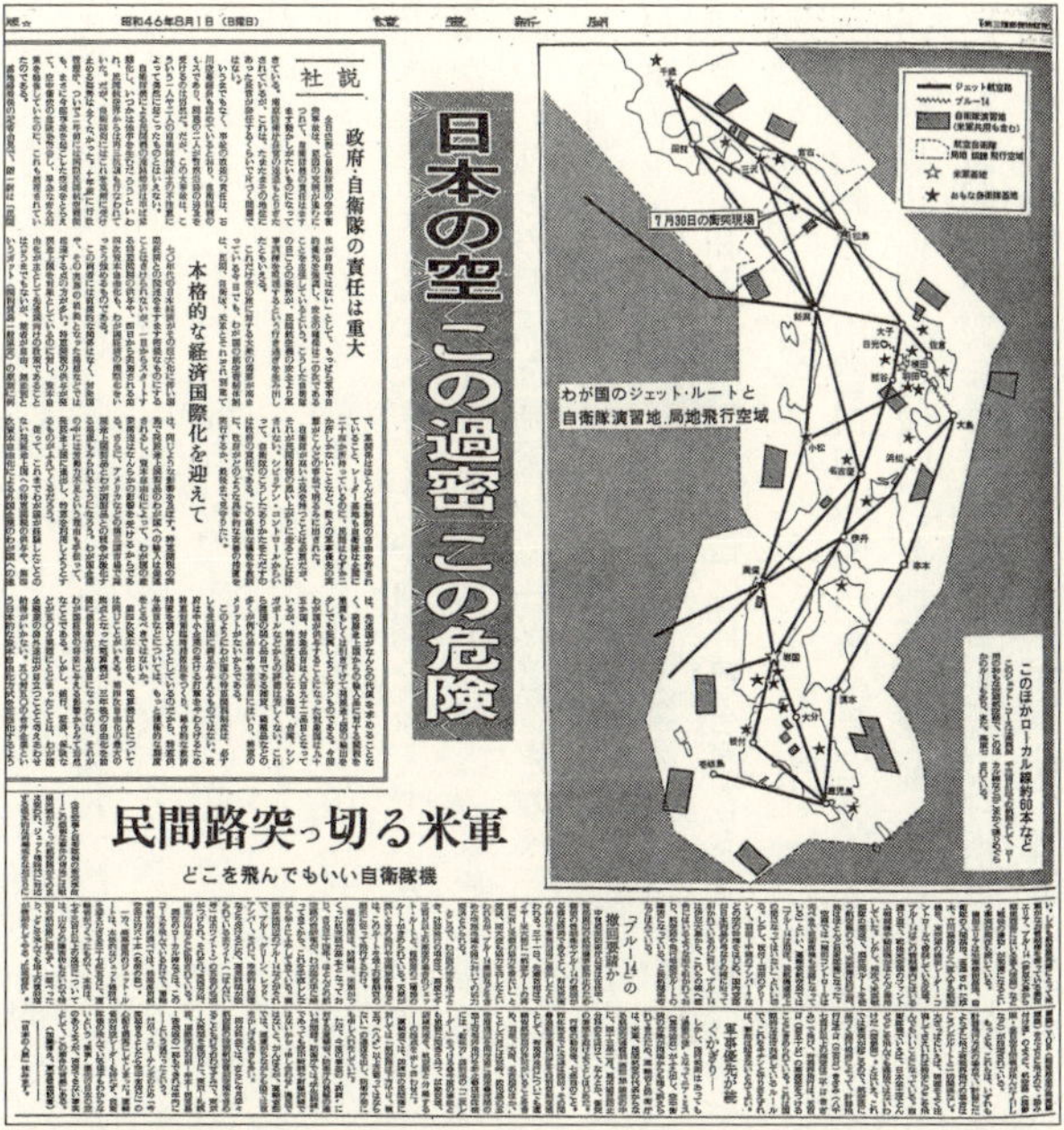

図8　雫石事故発生・国内航空路及び自衛隊と米軍の状況　『讀賣新聞』（昭和46年8月1日付）

「この高価な犠牲を教訓に、政府がどのような具体的な改善の措置を実行するか、最後まで見守りたい（原文ママ）」、と結んでいる。それから十四年後に起きた日航123便で、政府が「事件」を「事故」とし、それが雫石に学んだ改善策であった、とすれば、この『讀賣新聞』社説を書いた方は、どういう思いで〈あの日〉を見ていたのだろうか。

余談であるが、「讀賣」の字体は一九五三年八月一日から当用漢字の「読売」と併用することになったが、古い新聞を読んでいると、昔の『讀賣新聞』には気骨ある記事が多い。しかしながら次第に世間では読み捨て新聞と呼ばれ、外国人記者からは当時の政権との関係を揶揄して「安倍首相のペット」と言われる新聞になっていった。いつ骨抜きになったのかについては、原発推進の広告塔として行政と深く絡み、中曽根康弘と読売新聞グループ会長・主筆の渡邉恒雄が蜜月になった時代であろうと推定できる。令和となっても、古い体質を温存させて時代から取り残されていく組織の典型といえる。

さて当時は、中曽根康弘前防衛庁長官のコメントとして、「在任中に首都周辺の航空機事故防止のため横田の管制権やブルー14（伊豆大島から関東西部に入る進入空路）の撤回が必要な時期であるとして、対米折衝の検討を事務当局に指示した」とある。軍事優先の日本の空の有り様が事件の背景にあると語っていたのだから、彼は問題点を十分把握していたはずである。

これだけ認識していたにもかかわらず、どれほど抜本的改善が行われたのであろうか。

その後、総理大臣となった中曽根康弘は、「防衛庁（自衛隊）と米軍が勝手に話をしていた」と回顧録で述べているのであるから、中曽根自身も防衛庁も、この事故から全く逆のことを学んだとしか思えない。「雫石に学んだ」と言われているその内容は、私たちが期待するようなことではなく、「完璧な隠蔽の仕方」であったのだろう。

今の自衛隊は、災害救助活動によって国民からの信頼が得られ、その株が上がり、宮城県松島基地に、オリンピックの聖炎を持って最初に降り立つほど評判が良くなった。しかし、当然のこととして、私たちはその裏にある、戦争を想定して武器を持つ防衛集団という役目にも注視しなければならない。常時、訓練では敵国を想定し、リアリティを持つために仮想敵機として民間航空機を相手に訓練を重ねていたことが当時の民間パイロットの証言からわかる。それによれば自衛隊機に追いかけ回されたり、突然目の前に現れたりで、明らかに訓練の材料の一つにされていたらしい（図9、本書七五頁）。これは世界中の軍隊でも同じようなことがあり、誤射による墜落も多発している。さらにそれが今もなお続いていることも各国で報告されている。イスラエルの国営航空会社エル・アル航空はミサイル回避装置「C－MUSIC」[*6]を自社機に搭載するほどである。

そこで、二度とこんな失敗を起こさないようにすることは当たり前だが、もし、万が一何か事が起きても、国民には絶対に本当のことを公表しないようにすることや、失敗の言い訳に必要な完璧なアリバイを念入りに計画し、それを周知徹底した上で訓練を行う、そういう仕組みを構築していったことになる。それでなければ、「事件」を「事故」にはできない。防衛庁のみならず外務省にも常時、軍関係の情報が入っていた。いまだに戦後手つかずの秘密の話し合いの場を通じて、その動向は把握していたのである。それが日米合同委員会であった。

嘘の正当化――そのプロセス

もし政府側が世間を誘導して、自分たち組織の都合の良い方向に物事をもっていこうとすれば、情報公開法などが及ばない会議が一番良いに決まっている。さらに、定期的に顔を合わせることでコミュニケーションが取りやすく、多方面にわたる計画を練りやすい。日本国民に知られては困るようなデリケートな内容についての秘密の会議では、その議事録は当然のことながら原則非公開である。それが戦後ずっといまだに続いている場がある。米軍と外務省をはじめとする官僚たちだけの会議である。近年、その議事録は、公開する方向になっており、それは一見すると全部を公開してい

パイロット衝撃の証言

"仮想敵"で追跡された

162人は告発する

惨事の航跡つかめず

レーダー、過密でマヒ

三沢基地でVTR公開 自衛隊機影もなし

民間機を仮想敵に「訓練の証拠ある」

恵庭事件の被告が公表へ

図9　「"仮想敵"で追跡された」告発記事　『讀賣新聞』（昭和46年8月1日付）

るように見えるが、実は都合の悪いことは出してはいない。そうすれば、国民に錯覚させることができる。そこに国民の代表の国会議員が加わってもらっては困る。

米軍と関係省庁だけがそろって話ができる場、これらの条件をすべて満たすのが日米合同委員会である。

一九五二年に設立され、当初は日米地位協定の運用をスムーズに行うための協議機関として、重要な役割を果たしてきた。ただし、巻末資料2にあげた組織図（本書二六一頁）を見てわかる通り、日本側代表は、外務省北米局長、代表代理の法務省大臣官房長以下五名が並ぶ合計六名である。米国側の代表は在日米司令部副司令官、代表代理の在日米大使館公使が唯一の民間人で、それ以下は軍人となり合計七名となる。この十三名が本会議を構成するのだが、多数決になった場合、日本側は一票足りない。

ここで決められるのは、例えば米軍の駐留費や基地運営、航空管制、飛行空域、基地の環境汚染、近年ではオスプレイ（ＭＶ－22）の配置や運用状況も含め、日本における米軍に関するすべてのことだが、日本の行政権や司法権が実質的に及びにくい構造になっていることが明確にわかる。これは米軍側の特権を維持し続けるための委員会と言われても仕方がない。今でこそ、ネットでその会議内容の一部を公開しているが、基本的姿勢は外務省のＨＰに掲載された文言に表れている。

「日米合同委員会の議事録の公表について
1960年（昭和35年）6月23日に開催された第1回日米合同委員会において、次のように合意された。
――合同委員会の公式な議事録は両政府に関する正式な文書とみなされ、双方の合意がない限り公表されない。」

つまり日米双方にとって、またはどちらかが都合が悪い部分の議事録は公表しないですむ、となる。

外務省と米軍がそれぞれ代表となっており、外交も含めてお互いの意見がぶつかり合う場であるのならば、この会議が存在する意義は十分にある。ただ、軍人の発想と民間人の発想には明らかに齟齬が生じてくる。力関係がモノを言い出す。そうなると、その実態はどうなっていくのだろうか。

そのうちに、「そういうことを提案しても米国は喜ばない」という考えを持つ日本人が出てきてもおかしくない。一九八九年十一月にベルリンの壁が崩壊して、翌年に東西ドイツの統一が実現し、冷戦状態も終焉に向かい、ソ連と米国の対立もなくなっていくと、対立を士気高揚に利用していた軍隊は、行き場を失っていく。そうなると、何か危機を見つけ出し、相手を脅したくなるのも武器を持つ人間の性根だ。米軍側も、積極的に武器弾薬を買ってくれるなど、自分たちと組める望ましい人物を推薦したり、有利な提案をしてくるようになる。これが常態化すると、対米追従者が政府機関の要職に就き、政治の表舞台にはその言いなりになる人物が出やすくなる。防衛費を増やし、国民総生産（GNP）比1％枠に留めていた上限の撤廃を推進した中曽根康弘は米軍にとって組みやすい相手であった。安倍晋三元首相が彼の訓示を受けてきたと語っていたが、今日の防衛費増大への道と同じである。これらと日米軍事一体化については第三章で新安保法制とともに詳しく述べたい。

なお、八月二十二日付中曽根首相在職千日祝いの新聞記事の隣に面白い記事を発見した。

自衛隊元統幕議長で、兵器産業の大手、川崎重工顧問という竹田五郎氏の声として、中曽根内閣でずいぶんと自衛隊にとって良い方向に変わったと語っている。さらに、日米防衛協力指針によって、各種の日米共同作戦研究、訓練が制度化されて、有事法制研究も政府により公然と進められていると話している。なお、この竹田氏は、もっともらしい理由を連ねて自衛隊はどんどん武器を増強すべきだと語っている。恐らくそれは自分の懐に入るお金との兼ね合いであり、兵器産業の大手顧問ゆえの発言であることは、当時の職を見れば容易にわかる。ここで問題なのは、自衛隊時代の地位を利用して公私混同し、国家予算（つまり税金）で武器を買ってもらうことに誘導している点だ。これは典型的な天下りの弊害だと言えるだろう。なお、この記事では、「自衛隊の幹部は脅威という虚像を作り出し、結局自分の権力欲を満たしているのだ」という声も載せている。中には、自分の娘を米軍将校と結婚させて勲章と地位を得た人もいるらしく、こういった血縁関係による出世は時代錯誤も甚だしいが、防衛省のキャリア官僚の背広組が、自衛隊幹部の制服組が考えることはこの程度のことだと長年批判してきた風土も根深い。案の定、同日に突然、内局（背広組）の機能強化を唱えて、防衛政策担当防衛審議官を二名増やし、三名とするとの発表があった。なぜ今この時期に?という疑問の声も載っていたが、背広組の人数を増やすよう指示したのは中曽根首相となる。このことからも日航123便事件によって、制服組に対する危機感と信頼が揺らいだ形跡が見て取れる。

こういった対米追従の現状については、私がお会いしたことがある元外務省国際情報局局長、イラン駐箚《ちゅうさつ》特命全権大使等を歴任された孫崎享氏の著書『戦後史の正体1945‐2012』（創元社、二〇一二年）が、公文書をもとにして詳細に書かれているので参照してほしい。戦後、日本政府の意思決定がどのような経緯を経てなされてきたのか、国民に一切知らされていなかった事実が書いてある。米国の「虎の尾」は、親中国と在日米軍基地縮小であり、これを唱える政治家は表舞台から引きずりおろされるきっかけになりかねないこと。また米国内世論で八〇年代から冷戦崩壊後の仮想敵国とされたのはその六割が日本（経済）であったことなどが明確な根拠をもって書かれている。これ以上敵にならぬように、米国に対して追従することが身を守ることにつながると思い始め、そのうち金銭を中心とした協力関係で解決したくなる。そうなると日米合同委員会において現状を改善する努力よりも、逆に同委員会が双方の癒着温床となりかねない。

さて、この会議が行われるのが月に二回、木曜日と決まっている。外務省の委員会概要によれば、本会議の場所は主に「ニュー山王ホテル（ニューサンノー米軍センター）」とのことだ。ここは一般人が全く入れない米軍のためのホテルであり、省庁のような出入りの記録を取ることはできず、密かに出たり入ったりすることが可能である。

木曜日——。ここにヒントが出てきた。

中曽根康弘首相が、唐突に人間ドックに入ったのが、八月十五日、そう、木曜日である。

この日の夕刻、十六時二十分以降、次の日も一日中病院内、というだけで動向が全くわからない。この木曜日、外務省北米局長や在日米軍司令部等が一堂に会する日米合同委員会という場での議題は「日航123便事件」であったことは間違いない。なぜならば、中曽根回顧録の言葉通り、米軍と防衛庁が何らかの連絡を取り合っていたという確かな証言が存在するからである。その会合を終えた外務省と防衛庁、横須賀で垂直尾翼付近を調査してきたNTSB（米国国家運輸安全委員会）も加わって、どうやって事件を事故にできるかについてさらに計画を練った。そして、「後部圧力隔壁修理ミス」による事故というシナリオができ上がった。それを提案したのは、恐らく自衛隊幹部であろう。訓練を始める前に、周到に用意されていたものを提出したはずだ。雫石に学べ、である。

従って、事故調査委員会がまだ何も調査をしていないにもかかわらず、次の日の十六日に、『毎日新聞』にスクープ記事を書かせた。

こうやって、三十五年間も「事件」を隠し通してきた第一歩が踏み出されたのである。

八月二十二日では前述したように、「中曽根首相在職千日」の喜びの報道ばかりだ。「薄氷を踏む思いで無事に迎えた千日」と語っている。危うい綱渡りの日々が続いたが、ようやく事故として処理する目処《めど》がついた。自衛隊の行動に起因する事件の責任を取って、辞める必要がなくなった。さらに自分が推進してきた自衛隊の装備充実と防衛費の増強に異議を唱えられることがなく、心の中で「国民の目を欺くことができそうだ。これほどうれしいことはない」とでも思ったか、その喜びに満ち満ちている報道である。こうやって五百二十人のいのちを犠牲にして、総理の座が延命する安泰を得たのだろう。

ただし、外務省は日本と米国の間の書簡で、偽りの件名を付けるわけにはいかない。従って、引き続き「事件」という認識には変わりなく、そのように表記していた。

それにしても、いくらロン、ヤスの間柄だからといっても、「事件」を「事故」として、お互いに納得しながら協力するという結論にすぐなるだろうか。

米国の調査団は、日本に到着してすぐに、相模湾に浮かんでいるのを回収した垂直尾翼部分を調査したが、その後、『毎日新聞』記者にスクープさせるほどのシナリオをあっという間に作った、ということになる。日程から考えると、あまりにテンポが速すぎる。その裏には事前に綿密な計画がないと無理である。この点について掘り下げて考えていきたい。

自衛隊と米軍は何をしたのか

〈あの日〉、自衛隊と米軍の共同訓練は行われていなかった。

元自衛隊員のK・H氏に詳細に聞いた際も、日米共同訓練では大がかりな事前準備が必要なため、米軍側と自衛隊側の日程調整と訓練内容を綿密に計画し、必ず事前に発表してから行うことになっていると語っていた。実際に、翌週以降に共同訓練を予定していたこともあって公表されている。

八月二十二日付新聞の片隅にあった小さな記事では、八月二十四日から日米共同対潜訓練を行うとして、その内容が次のように発表されている。

「防衛庁海上幕僚監部は、二十一日、海上自衛隊と米海軍共同の対潜特別訓練を二十四日から二十七日にかけて日本海南部を中心に行う、と発表した。海上自衛隊からはヘリコプター搭載護衛艦『ひえい』など護衛艦四隻と潜水艦一隻、対潜飛行艇ＰＳ１などが参加、第四護衛隊群（横須賀）司令・鈴木克男海将補が指揮する。米海軍は、駆逐艦、フリゲート艦、潜水艦各一隻に補給艦、対潜機Ｐ３Ｃなどで、指揮官は第三十五駆逐隊（パールハーバー）司令Ｒ・Ｗ・ヘクトマン大佐」

軍隊の訓練においては、危険と隣り合わせな状況の中で失敗を避けるためにも、不確実性の要素を一切排除していく。それが最も安全に練習することにつながる。実戦ならば、相手の出方を分析してあらゆる場面を想定しつつも臨機応変に動く必要があるが、およそ訓練という場では、まず事故を発生させないようにすることが重要であり、そのためにも前もって手順や準備を十分確認した上で行う。隊員の安全が第一であり、それが不可欠である。特に、訓練の場となる地元や周辺各地に周知徹底することで、航空管制及び民間航空や海上の漁船等の一般人に注意喚起をしなければならず、怠れば大変な事故につながってしまう。従って、この新聞記事のように詳細を発表してから行う必要があり、そこから考えても八月十二日には日米共同訓練は行っていなかったことがはっきりとわかる。

つまり日航機墜落は、日米共同訓練の最中のアクシデントなのではないか、という説もあったが、これは否定される。それでは何が行われていたのか。検証していきたい。

防衛庁の威信をかけた国産ミサイル開発中

墜落前日の八月十一日（日）付、『読売新聞』第一面トップ見出しは、「国産ミサイル本格推進—防衛庁方針」であった。それについては拙著『日航123便墜落 遺物は真相を語る』（文庫版二五頁）にその記事を掲載した。新しい開発中のミサイルは空対空と巡航ミサイルの二種であり、実用化を図ってモデルとなる地対艦ミサイル（SSM－1）の試射実験を繰り返しているといった内容だ。オレンジ色に塗られた模擬ミサイルが、勢いよく飛び出して飛んでいる写真まで載っている。

「世界的にトップレベルにあるわが国の高度先端技術を駆使して国産化を推進する方針を決め、(中略) 空対空ミサイルは (昭和) 六十四年度、巡航ミサイルは六十五年度」を目標として研究開発し、昭和六十一年度から五年間の主要装備調達計画の目玉だということだ。軍事情勢は、極東ソ連軍の増強で厳しさを増していると危機感を煽り、勢いよく書かれている。特に中曽根首相の積極姿勢によって防衛費をますます増強する理由として、「国産」を強調している。これを素直に読めば、翌日の十二日、相模湾上空でドーンという大きな音がして、日航123便の垂直尾翼が吹き飛んだのだから、誰が犯人なのか見えてくる。実際に、相模湾でミサイル実験を繰り広げていたのが、防衛庁技術部であり、実行したのが自衛隊となる。だから外務省が「事件」、と書いた。

確かに、垂直尾翼の残骸を海上から拾い集めたのは、ちょうどその時間その海上にて公試中だった護衛艦「まつゆき」であるし、当時の日本航空副社長の町田直氏 (元運輸省事務次官) も遺族の前で (北朝鮮の) ミサイルにやられたという発言をしている。もっとも町田氏は次期社長候補であったにもかかわらず、その後失脚してしまったのだが……。

ただ、当時を知る日本航空広報部内では、「米軍だった」という説や、遺族の吉備素子氏が群馬県警日航事故対策本部長だった河村一男氏から、事故原因を追及したら米国と戦争になる、というような突飛な発言を聞いている（『日航１２３便 墜落の新事実』を参照）。

そうなると合同の訓練ではないにしても、米軍も立ち会いのもとで、なんらかの試射実験が行われていたということになるが、新聞報道からもわかるように、国産ミサイル開発を強調しているだけにそれは難しい。つまり我が国の高度な技術や独自の開発を行うことが目的であり、前々日の日本海、若狭湾でのミサイル洋上実験の際も、海上自衛隊、航空自衛隊、陸上自衛隊だけで合同訓練を行っている。その際、電子プログラム関連で東芝や日立といった民間企業の技術者が立ち会うことはあるが、武器開発という国家機密に際して、八〇年代の段階で米軍の立ち合いは考えにくい。

というのも二〇一九年に米国のトランプ大統領と安倍晋三首相が、海上自衛隊横須賀基地を訪れて、一緒にヘリコプター搭載護衛艦「かが」に乗り、艦内視察をしており、これが前代未聞で史上初だということだから、一九八五年当時はまだそこまで米軍と自衛隊の軍事一体化はしてはいなかった。そうなると、連日の国産ミサイル開発試射実験は、防衛庁技術研究本部によって繰り広げられていたと推定できる。

ただ日航１２３便は、戦後からずっと続いている横田空域[*7]という、いまだに日本であって日本の空ではない民間機侵入不可の空域の近くを飛行中だった。横田空域は米軍がいつでも自由に訓練や飛行ができるため、様々な憶測が飛び交ったのも事実である。また米軍で使用していたミサイルをモデルとして開発中であったことも問題を複雑にした。

あの日、日航１２３便のまわりを飛行していたオレンジ色に塗られた物体で、その形や色が拡大した写真の解析や複数の目撃情報と一致するものは何かというと、炸薬が搭載されていない、爆発が伴わない練習用の模擬ミサイルとなる。他にもオレンジ色の飛行物体で、自衛隊装備品の中に似通ったものがあるかもしれない。当時のオレンジ色の見本を参考までに口絵に掲載した。

次に、発見した公文書で、それがどのような作用をして、飛行機のどの部分にダメージを与えたのかを同時に考えながら絞り込んでいきたい。

いずれにしても確実にわかったことは、日航１２３便墜落は後部圧力隔壁破壊による「事故」だったのではなく、「事件」だったのである。

第二章

異常外力着力点

隠されてきた公文書

圧力隔壁破損の修理ミスが原因ならば事故であって、墜落の二日後に外務省がわざわざ事件と書かない。事件と書かれていたということは、明らかに犯罪性を帯びた出来事が発生した、ということになる。

それでは、それがいつ、どこで何が発生したのか。それが明確に書かれた公文書が見つかった。

実はこれも、昨年から今も続いているボイスレコーダーなどの情報開示請求の裁判準備の過程で、私が書類を精査し、三十五年間を遡ってもう一度チェックしていた際に、偶然発見したものである。今までの執筆の過程で見落としたとも思えないが、見た記憶がないページが含まれていたのである。

そのページについて語る前に、注意すべき点がある。事故調査報告書のあらゆるところに潜む、隠された都合の良い論理に惑わされないようにしなければならない。淡々と事実を客観的に読み取る能力が不可欠となる。その能力と理解力には個人差や情報量の多寡《たか》もあるため、わかりやすく解説をしながら検証していきたい。

最初に、昭和六十二年六月十九日に公表された『日航123便の事故調査報告書』は、本文と付図を合わせて三百四十三ページもある膨大なものだったが、その中に数々のヒントが隠されていたことがわかってきた。私が特に注目したのが、DFDR(Digital Flight Data Recorder)、つまりデジタルの飛行データ記録装置が示した数値であり、その中でも特に次の点だ。

○前後方向加速度（LNGG）
時間　18時24分35・70秒　異常事態発生前後と比べて約0・047G突出　約11トンの前向き外力が作用したもの

○横方向加速度（LATG）
時間　18時24分35・73秒から35・98秒間　横方向加速度に最初の有意な変化が見られる

前後方向加速度が示した時間は異常発生時刻で、ボイスレコーダーに「ドーン」という大きな音が録音された時刻18時24分35秒と同じであり、機長、副操縦士らの声が極度に緊張したと数値が示す「精神緊張度の高まり」の時、18時24分35〜42秒で「スコーク77」と発した時間と重なる。

航空機の運動数値解析によれば、「異常事態発生前は、DFDR記録値とよく一致しているが、18時24分35秒以降の高度、速度、迎角、ピッチ角の計算値は、記録値との間に大きなズレが生じはじめる。このことから異常外力が発生したと考えなければDFDR記録値の説明が出来ないことがわかった」とある。

ここからわかる通り、データは異常外力の発生を記している。

数値解析した結果からは、18時24分35・70秒頃発生の前向きの異常外力（最大約11トン）、及び36・60秒にピークをもつ下向きの異常外力が抽出された。さらに「横向きの異常外力についてはDFDR記録からは推定できなかった」と結論づけている。

この事故調査報告書からわかる点は次の通りである。

フライトデータの記録から、異常外力の発生がなければ数値に整合性がつかない、ということは、「異常外力が存在した」ということになる。

その発生時間は、ちょうど相模湾を飛行中の伊豆半島南部の東岸上空で、爆発音が記録された時間だ。さらに「横向きの異常外力の存在は認められても、それが何かは推定出来なかった」という内容の文章が一行あるのみである。

つまり、「異常外力」の部分は、全く調査しなかったように読み取れる。

この異常外力発生の現場となった相模湾には、実際に垂直尾翼の破片が多数浮遊し、その残骸を揚収した場所が二十八か所以上もあると示されている。いずれも垂直尾翼周辺の破片ばかりである。

そして今になって、事件を決定づける「異常外力」について記された一枚が、膨大な書類の間からこっそりと出てきたのである。

異常外力の正体

前述した『報告書（本体、付図）』の『別冊』として、『航空事故調査報告書付録――JA8119に関する試験研究資料』（運輸省航空事故調査委員会作成、以下、『事故調査報告書別冊』あるいは『別冊』と略す）というのがある。これはあくまでも付録として構成されており、12のテーマごとに「付録」として章分けされた研究書である。

この『別冊』について運輸安全委員会に直接問い合わせたところ、次のような返答を得た。

運輸安全委員会は二〇〇八年（平成二十年）十月に、航空・鉄道事故調査委員会と海難審判庁の事故原因究明機能を統合させ国土交通省の外局として発足した組織だが、この時に国土交通省からこれらの報告書が移管されたという。さらに『別冊』として付録類がホームページにアップされたのは二〇一三年二月とのことである。その際、追加や書き込みはないはずで、一回でアップされたという。ただ、二〇〇八年以前がどういう状態だったのか、なぜ二〇一三年までアップされなかったのかは不明、とのことであった。

なお、専門家が語る公文書の不可思議な特性として、膨大な資料の中に時折気付かないうちに追加されることもあるとのことだったが、実際に外務省の公文書で私はそれを体験した。

私は、昨年の十一月十九日にこの別冊の中から決定的な図表を見つけたのだが、実は外務省の「事件」と書かれた公文書も同日、発見した。ちょうど情報公開請求用の資料を整理していた時であり、二〇一九年十一月十九日の私の手帳に、「外交文書、思わぬ発見、事件と書いてあった」と記している。実は、昨年の十一月は、不思議な出会いの連続となった月であったが、それについては終章に記したい。

さて、この『別冊』に話を戻すと、これが一九八七年に出された報告書とともに広く公開されていれば、事件の原因が明瞭になったはずであり、後部圧力隔壁破壊説は、誰もがおかしいと納得できたはずである。あるいは、この公文書は意図的に隠されたものだったのかもしれない。

『別冊』全体は各研究テーマごとに構成されており、それぞれの分野の専門家が執筆しているため、文体も内容もつながりがなく、バラバラの印象を受ける。それは恐らく、与えられた材料と基礎データ部分だけをもとにして書かれたからだろう。さらに、決められた結論へ導かなければならないため、担当した研究者たちがかなり苦心した痕跡が随所にみられる。つまり、無理やり結論に持っていかざるを得ない部分と、どうしても客観的データがそれを示していない、というジレンマである。結局のところ、「(望むような)結論にはいたらなかった」としながらも、「(もしも)こうだとすれば推定される」という結論が書かれている。これが特に博士論文であれば、論文審査が絶対に通らない書き方となる。当然のことながら書いた本人もそのお粗末さは十分にわかっていたはずである。

そこで私は、このように各専門家が担当の章ごとに、苦悩の末に書いた推定の結論部分はすべて黒塗りとし、与えられたデータと基礎データのみを抽出した。これは予断をもって判断しないためである。すると、今まで隠蔽のベールに包まれていた真相が逆にくっきりと見え出したのであった。その中で、私の目に留まったのは次の図10(本書九七頁)である。

この図10は、前述した一九八七年(昭和六十二年)の報告書ではたった一文しかふれてなかった「異常外力」について、わかりやすく図解している。これは、『別冊』内の「付録6　DFDRに基づく事故機の飛行状況及び飛行経路について」という章に出てくる図だ。その中の「1　異常事態発生前後の状況」という項目で論じられている。航空機飛行状況をすべて記録しているフライトデータに基づき、異常事態発生の前後を比較して書かれたものだ。

図10には、異常外力の水平成分（LNGF：Longitudinal Forceの略）と、異常外力の垂直成分（VRTF：Vertical Forceの略）の着力点が明確に示されている。

「1－2　運動の数値解析」の項目で、この図について「異常外力LNGF（水平成分）、VRTF（垂直成分）の着力点は、付録6の付図－1に記した」と書いてある。

したがって、垂直尾翼の黒い丸印の部分に、異常な外力が着力したということだ。

異常──正常のフライトでは考えられない突発的異常事態の力
外力──外部から加わる力。外部とは大気、つまり空を飛行中に加わった力
着力──その場所にやってきて着いた力、その着地点

これらの力が、垂直尾翼の中央部の黒い丸印の地点で発生した。

これらはフライトデータをもとにして異常発生の前後を計算しており、これほど道理がはっきりしていてわかりやすいことはない。

付録6　付図−1．計算に用いた諸元

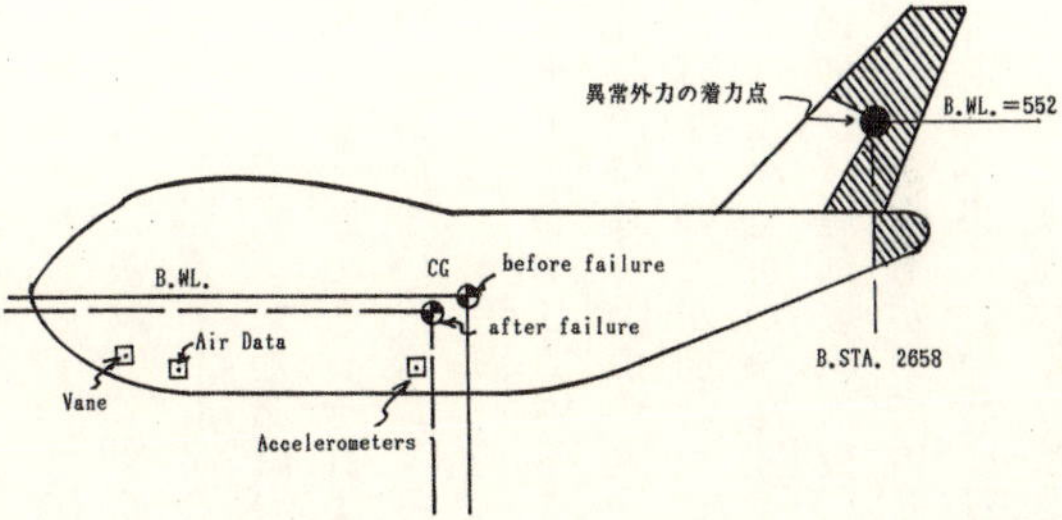

	B.STA.	B.BL.	B.WL.
CG before failure	1332.6	0.0	197.9
after failure	1324.0	0.0	196.2
Accelerometers	1315.0	3.0R	175.0
α−Vane	310.0		189.0
Air Data Sensors	422.0		180.0

	Before Failure	After Failure
CG % MAC	22.8	20.2
MASS (LBS)	519×10^{3}	516×10^{3}
Ix (LBS−IN^{2})	69×10^{9}	69×10^{9}
Iy (LBS−IN^{2})	126×10^{9}	120×10^{9}
Iz (LBS−IN^{2})	191×10^{9}	185×10^{9}
Ixz(LBS−IN^{2})	-4.1×10^{9}	-2.9×10^{9}

116

図10　異常外力着力点の場所　事故調査報告書別冊より抜粋　航空機尾部破壊前と破壊後を比較・機体重量、重心位置、慣性能率、センサー取付位置
（注）異常外力着力点が明確にしるされている。

「異常外力着力点」、ここからすべてが始まった。

正常な通常の飛行の最中、突如として異常な外力が垂直尾翼の「黒丸部分」に着力（着弾）して、その部分から崩壊がはじまった、ということだ。

たとえ、今まで出ていた結論の後部圧力隔壁破壊修理ミスが原因、という主張を退けずに譲歩したとしても、それよりも前に、この「異常外力着力点」が事の発端であったことは間違いない。もし、隔壁破壊も生じたとしても、それは直接の事故原因ではない。

あらゆるデータが示しているこの異常外力の存在は否定できないのである。しかも、垂直尾翼先端ではなく、黒い丸印が示す通り、尾翼中央の胴体部分に近いところであり、ここに外からの力が加わった、という事実は消せない。だから『別冊』で、その存在を書かざるをえなかった。

この図10では、尾部破壊前後における機体重量、重心位置、慣性能率、加速度計やセンサーの取付位置も示している。斜線は、欠損部分である。異常事態発生直後、計算の諸元である「事象」いわゆる異常事態が発生する前と後で、どのように飛行機の重心位置（CGと明記：the Center of Gravityの略）が移動したかも明記している。

そしてこの『別冊』には「18時24分35・64秒ごろに前向きに、また、36・16秒ないし36・28秒ごろに下向きに、それぞれ異常な外力が作用したことが確からしく考えられる」として書かれている。この「確からしく考えられる」とは、苦肉の表現なのか、不自然な日本語である。

さらに研究資料として、異常外力が無いと仮定した場合と比較検討して考える必要があるとし、再びデータをもとにして、着力が無い場合も計算している。

その結論には、「明らかに18時24分36秒以後に気圧高度、真対気速度、迎え角、ピッチ角の計算値と記録値との間に不一致が生じ始める」と書かれている。つまり、VRTG LNGGの計算値は36・70秒から記録値との明らかな不一致が生じはじめ、これらの事実から「（異常外力の発生時刻が18時）24分36・31秒ないし36・75秒の多くのスロット（噴流反力の垂直成分のこと）も36・28秒から明らかに不一致であり、これらの時刻に垂直尾翼取付部に近い胴体上部に強い衝撃が加えられたことを示唆している」と結んでいる。

それでもなお、垂直尾翼の破壊は後部圧力隔壁破損による内圧から生じたと二段階で分けて考えるのが「妥当と思われる」とも書いてあった。恐らくこの研究者は、「異常外力があった、でも結論は違う」ということで、科学的データを前にして整合性が取れないため、これ以上書きようがなかったのだろう。

さて、この異常外力の着力が垂直尾翼を崩壊させた、ということを補強する図があるので検証していく。これも同じく、DFDR（Digital Flight Data Recorder）による飛行データの解析結果と残骸調査から、尾部と尾翼の欠損状況を把握して、破壊後の形状を導きだした図11である。

破壊前の形状をVT10とし、便宜上垂直尾翼全損の形状をVT00としているが、実際に「30分を超える飛行を持続した事実に照らしてVT00はあり得ない形状と判断し解析は行わなかった」と述べている。つまり、欠損形状はVT05か、またはVT03と仮定して数学モデルの数値計算によって事故機の運動と比較検討を重ねている。

その結果、尾翼の破壊後の形状は、VT05によって代表されることが明らかになったとある。

図12（本書一〇三頁）は、計算に用いた諸元をわかりやすく解説した図（「付録6」付図1および付図6）である。飛行にとって重要なウエイト&バランス（安全に飛行するための航空機重量および重心位置）の重心の位置が、異常外力の着力によってずれたことを示している。

APU（補助動力装置）と書いてある最尾部とその周辺が、いまだに相模湾で沈んでいる部分である。その上にある垂直尾翼の斜線部分が欠損場所を表す。ちょうど黒丸に記された異常外力着力点の位置から欠損が始まっている。欠損形状を比較するために欠損部分（VT05）を下の図12－2で示した。数値計算で導き出された垂直尾翼

付録6　付図－6　尾部／垂直尾翼欠損形状

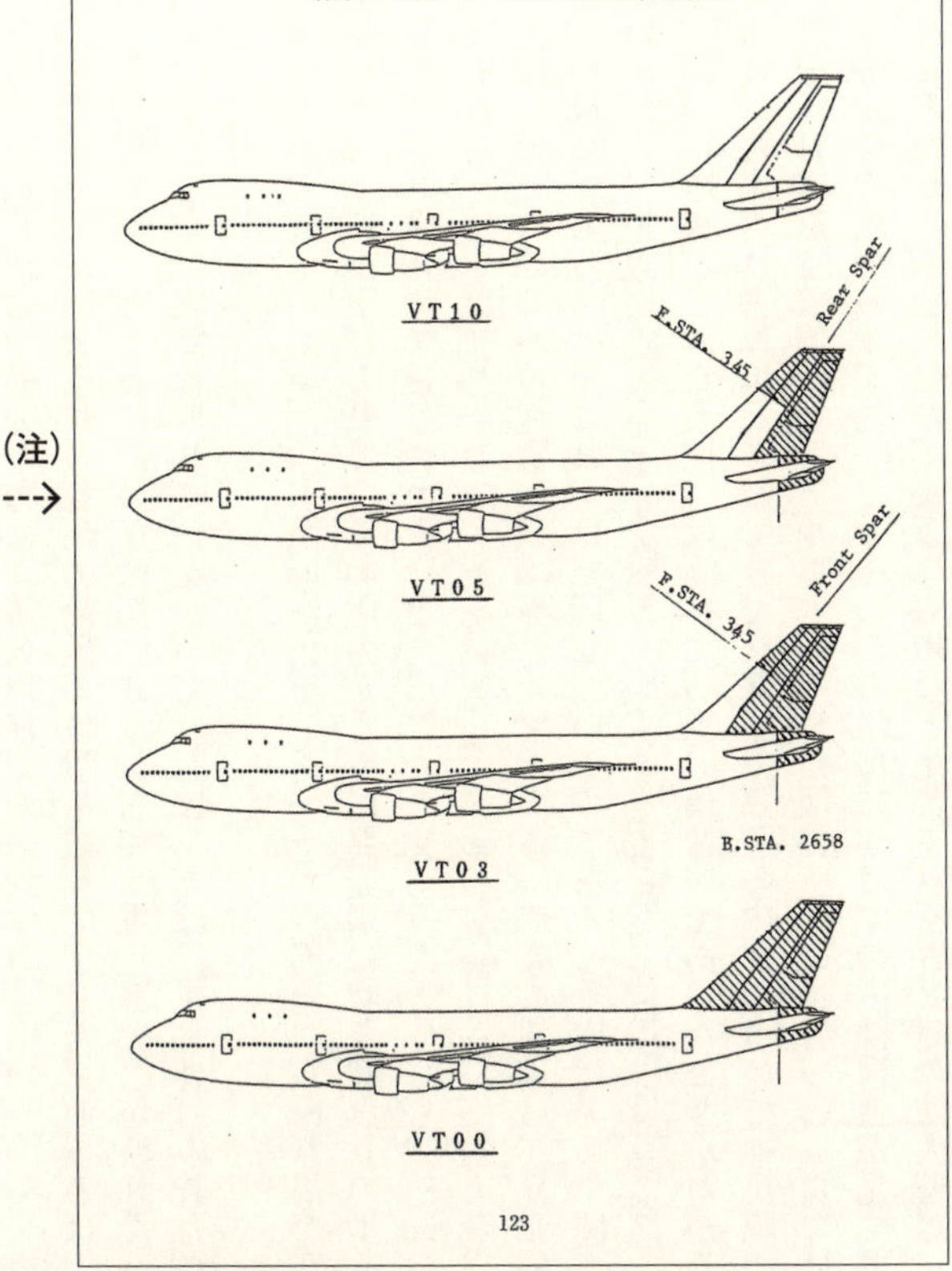

図11　垂直尾翼の崩壊場所と面積　『事故調査報告書別冊』より抜粋
（注）VT05が日航123便の破壊形状と確定。

斜線部分の欠損状況と、外力着力による欠損部分が一致する。

なお、わかりやすいように後部圧力隔壁の位置も破線で示した。L5とは、左側5番目、最後尾のドアとなる。この反対側のR5（右側5番目ドア）が壊れたとの情報が伝わっていたが、実際は壊れていなかった。図12―3は、異常外力の着力点部分を拡大したものである。

いままで言われている後部圧力隔壁破損説では、「その隔壁から漏れ出た空気が、垂直尾翼上部に吹き上げられて、その圧力が垂直尾翼先端に吹き溜まりのようにたまって破裂、つまり内圧で破壊された」とある。たとえそうだとしても、それは直接的原因ではなく、この『別冊』に書かれているデータを読み解けば、「外力着力によって黒丸印のところから垂直尾翼が破壊された」となる。直接の原因は、異常外力着力点からの破壊であることをこれらは証明しているのである。垂直尾翼の中間から崩壊しているため、先端に吹き溜まり破裂したという『事故調査報告書解説書』（二〇一一年、図15、本書一〇七頁参照）は詭弁であり、偽情報であったことがわかる。

つぎに、従来の墜落原因とされてきた後部圧力隔壁の内部について補足説明をしておきたい。日本航空整備マニュアルより入手した図13―1（本書一〇五頁）は、お椀型の部分が後部圧力隔壁（注）で、そこから尾部にかけての内部構造が見て取れる。当然のことだが、空洞ではなく幾重にも桁など尾部支材やAPUの防火壁等が入って

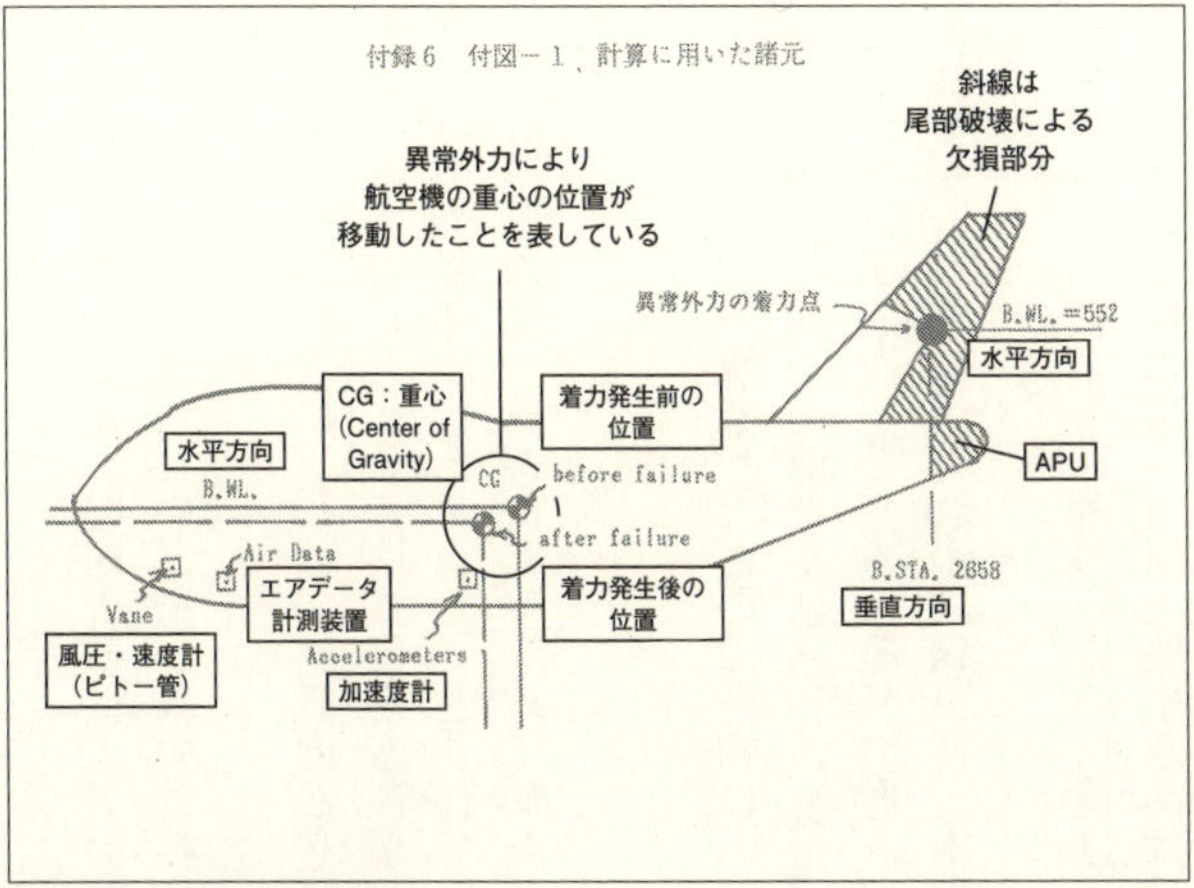

図12-1　異常外力の着力点の説明　『事故調査報告書別冊』（本書掲載の図10［p.97]）をもとに作成

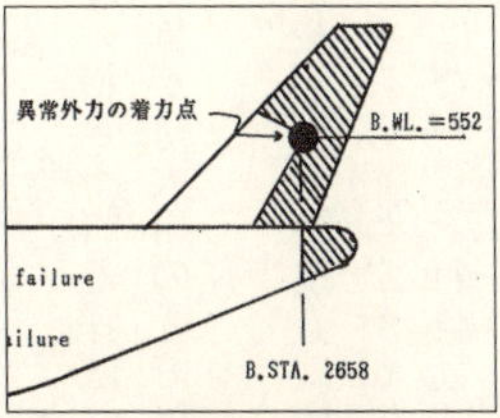

図12-3　異常外力の着力位置　『事故調査報告書別冊』（本書掲載の図10［p.97]）をもとに作成

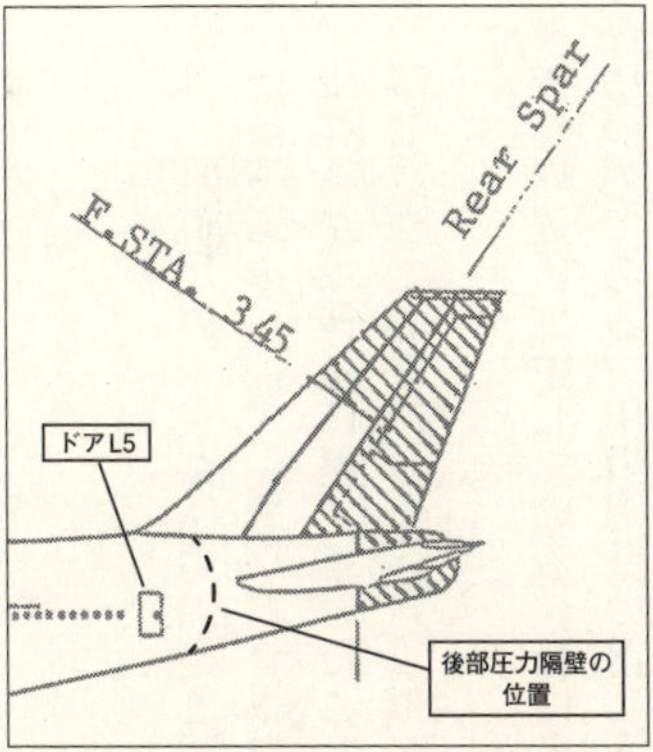

（VT05より）

図12-2　後部圧力隔壁の位置　『事故調査報告書別冊』（本書掲載の図11［p.101]）をもとに作成

いる。

図13－2に示したこの防火壁は火災の延焼を防ぐ目的で、横ビームと呼ばれる桁とサポートストラットという桁が網の目状に構造化されて全体が防火用の壁で覆われている。

事故調査委員会によれば、客室内から流出した空気圧は後部圧力隔壁も破壊し、そのまま威力を保ち、この防火壁をも破壊したことになる。それも、わずか0・1秒以下の時間で瞬時に突き破った、とされている。それだけではない。その空気圧が今度は垂直尾翼のてっぺんに上り詰めて垂直尾翼先端を吹き飛ばした、というのが結論である。

つまり、組み重なった桁の障害物にぶつかり、垂直尾翼や後部圧力隔壁と防火壁という、頑強な二つの隔壁を破った空気圧が、客室内や天井裏（『事故調査報告書』より）から流出した、となる。それであれば、生存者が最後尾に座っていたことと、全く辻褄が合わない。それが図14・15（本書一〇七頁）である。

図14のように、生存者の座席の位置は、最後尾周辺に集中している。特に当時、多くの人々の記憶に残った川上慶子さんは最後尾の列である。圧力隔壁の前にあるトイ

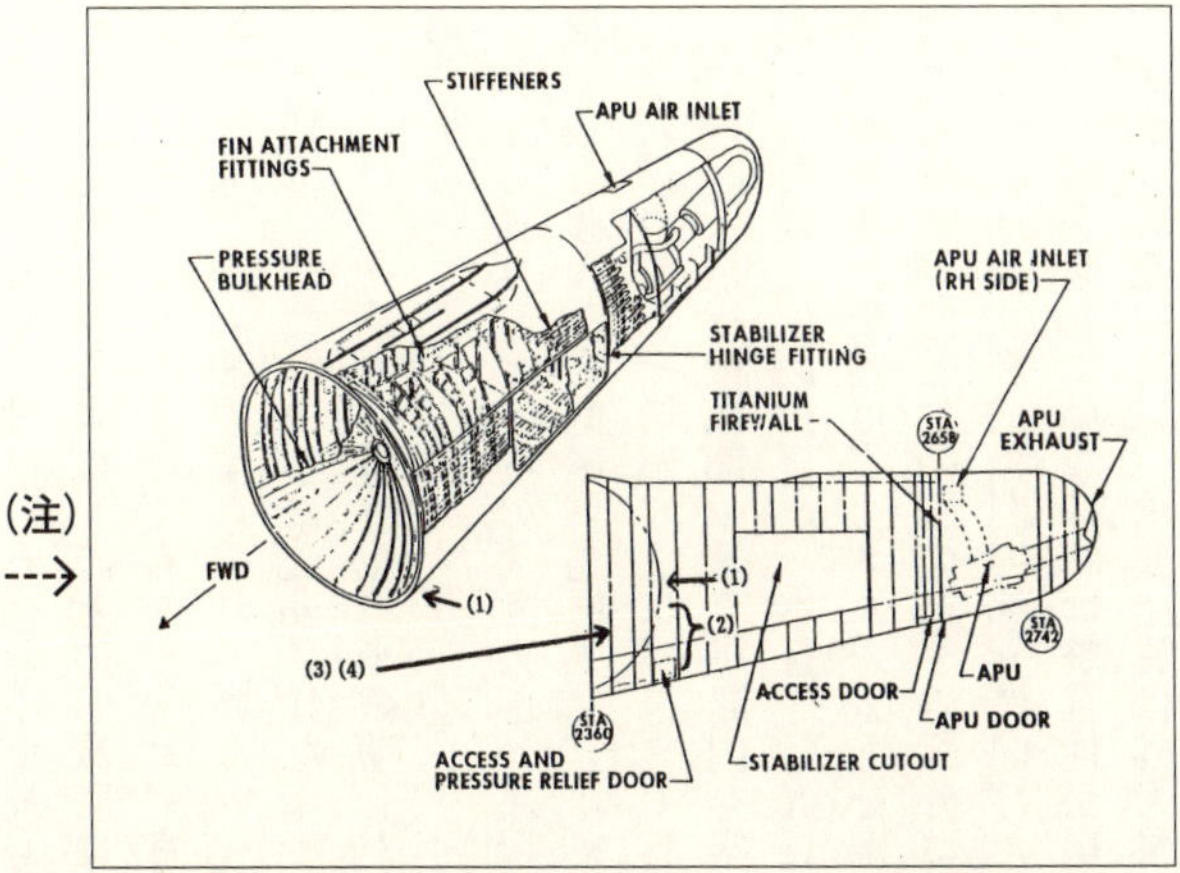

図13-1　後部圧力隔壁を内側から見た図　『日本航空整備本部資料』より抜粋

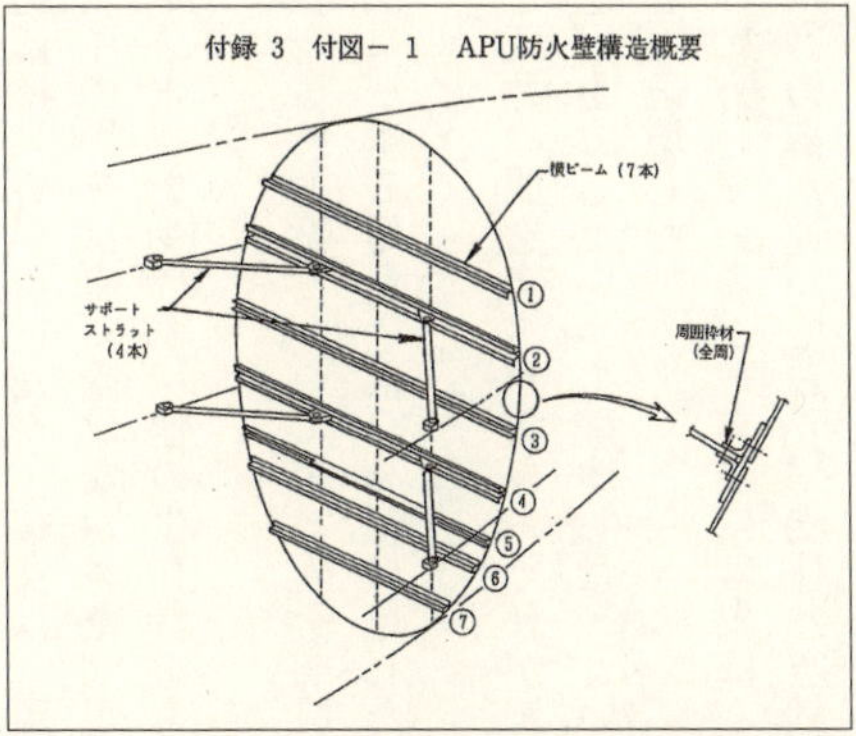

図13-2　APU防火壁の構造『事故調査報告書別冊』より抜粋

レを挟んだその座席は、乗客の中で最も後部圧力隔壁に近い位置だが、彼女は、頑強な垂直尾翼を吹き飛ばすほどの急減圧による空気圧の影響は全く受けなかった。現実に吹き飛ばされたわけでもなく、耳、鼻、喉もダメージを受けず、他の生存者を含めてみても、誰も鼓膜すら破れていない。

図15は、二〇一一年に公表された『事故調査報告書解説書』から、客室内を突風が突き抜けて内側から垂直尾翼を破壊したという図に、垂直尾翼の部分を付け足したものである。

見ての通り、客室内の天井裏部分、機体外板と天井の間を突風が吹き、それが航空機で最も強固な垂直尾翼先端まで、客室内空気圧が上昇していって破壊した、ということだ。さらにそのパワーは尾部APU防火壁をも破壊した。

この図は飛行機後部や垂直尾翼内を空洞のように書いているが、実際には先ほど解説をした通り（図13−1、本書一〇五頁）いくつもの桁が通っており、支柱と空気はぶつかり合って速度もエネルギーもそがれていく。それにしても、生存者を含めた乗客たちは、平然とこの図の椅子の部分に座っていた事実をどう説明するのだろうか。

このように、図15の開口部分に向けた空気の流れと比べてみれば、生存者の座席に突風が吹き荒れていなければ整合性が保てないのである。

何よりもその前に、垂直尾翼は外力によって破壊されていたのである。

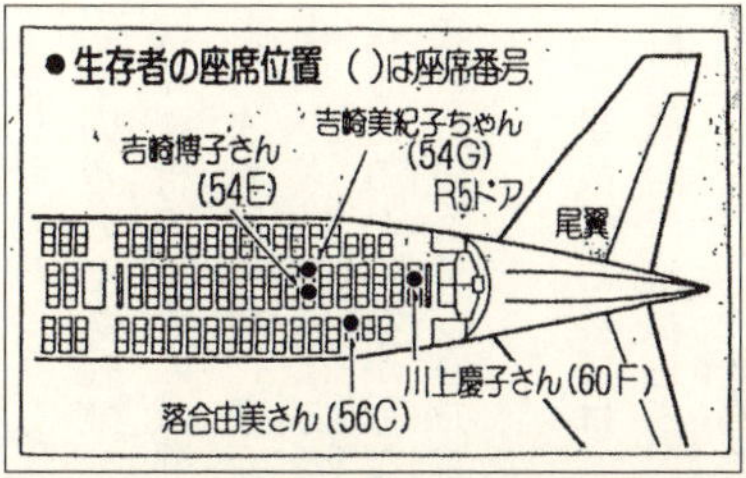

図14　生存者の座席位置と後部圧力隔壁の位置
『上毛新聞』（1985年8月14日付）より抜粋

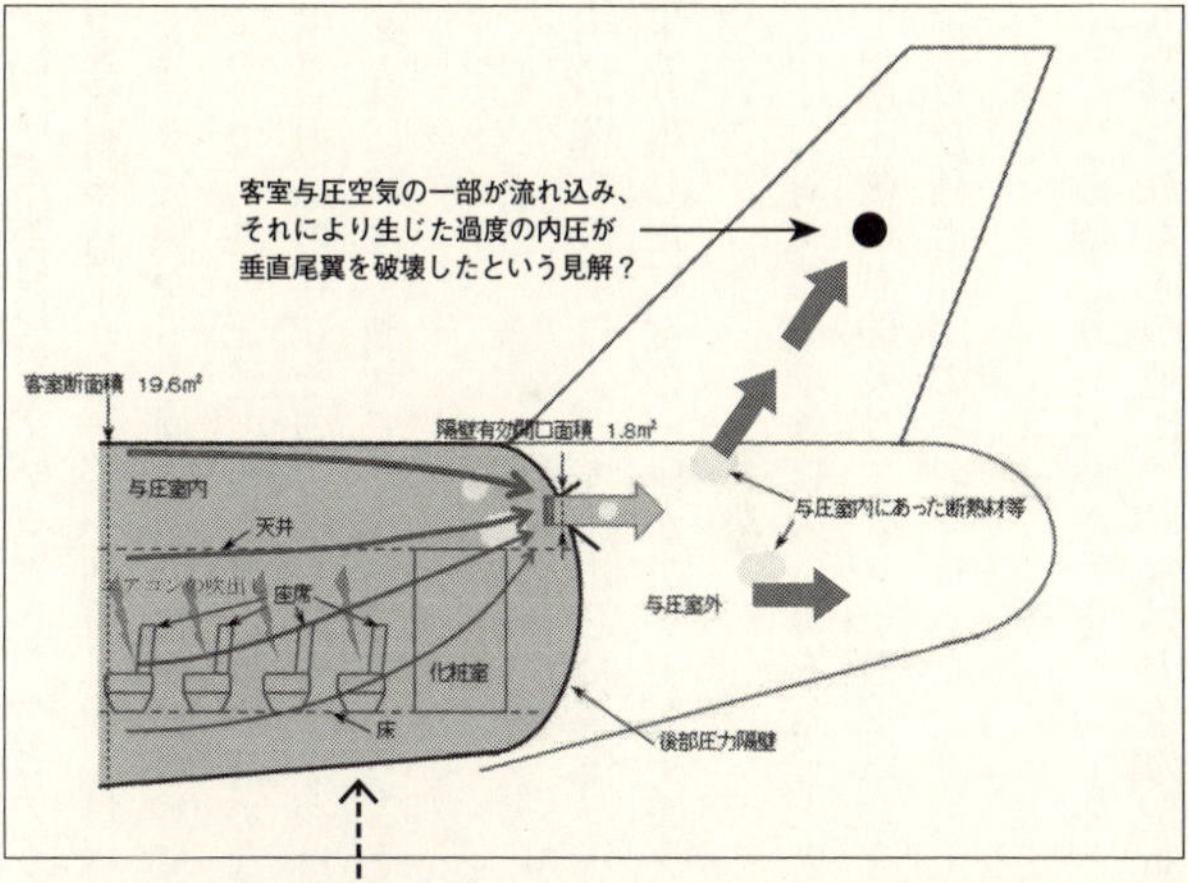

（注）

図15　『事故調査報告書解説書』から抜粋（垂直尾翼を補足）
客室内を突風が突き抜けて内側から垂直尾翼を破壊したという解説図をもとに垂直尾翼部分への風の流れを再現（事故調査委員会の主張、言い分）
（注）川上慶子さんが座っていた位置。

それでも、「いいや、違う、内圧で垂直尾翼が吹き飛んだ」という結論を信じたい人がいるのであれば、次の研究資料を提示しよう。『別冊』の「付録2　垂直尾翼破壊の解析のための試験研究」という実験から、面白いことがわかってくる。なお、これもまた別の専門家が書いたようで、他の記述と整合性が取れていない。この資料を書いた人は、先ほどの異常外力着力点の存在そのものを知らなかったのか、故意に無視したのかはわからないが、それには全く触れていない。だからこそ、つぎのような文章から始まるのである。

「本事故においては、後部圧力隔壁の破壊によって流出した客室与圧空気の一部が垂直尾翼内に流れ込み、これにより生じた過度の内圧がアフト・トルクボックス構造を破壊した可能性が高いと考えられる。
　このため、垂直尾翼構造の内圧に対する破壊強度の計算を行うとともに、これを補完するための垂直尾翼部分構造内圧破壊試験及びファスナ破壊試験を実施して、垂直尾翼の内圧による破壊の可能性及び破壊順序の検討を行った」

　つまり、垂直尾翼が内圧によって破壊される実験だけを行っている。他の章を担当した専門家が、異常爆発音が記録された同時刻に、異常外力着力があったと認めていることを知らなかったのだろうか。簡単に言えば、垂直尾翼を風船にたとえてみると、この章では膨らんだ風船が破裂するまで空気を入れ続ける内圧の計算をしているのである。実際には、外から針でつつかれた（異常外力の着力）ことによって風船が破裂した、という事実を完全に無視していることになる。別の章で、外力着力での破壊と書いてあるにもかかわらず、なぜこのふくらまし続ける実験が必要なのだろうか。さて、ここでも「後部圧力隔壁破壊から出た内圧の力で垂直尾翼が破壊した」という、私たちが信じ込まされた結論との矛盾が明らかになってくる。この実験で垂直尾翼の外側が大きく膨らみ続けるほど異常なまでの圧力をかけ続けた結果、次のようなことが書いてある（なお、この実験では事前に１００ｐｓｉに加圧したあとに手動操作で昇圧していった）。

「垂直尾翼部分構造内圧試験では、いずれの供試体も外板とスパー・コード取付部のピール破壊を生じなかった。（中略）（ただ供試体では〔著者補足〕）ストリンガとリブ・コード取付部が破壊した後の破壊の進行に関しては、事故機の破壊をよく模擬したとは言い難い」とのことだ。さらに垂直尾翼先端部の強度実験では、「翼端カバーの腰部は7・1〜8・6ｐｓｉの差圧で曲げ破壊するとの結果を得た。また翼端カバーとリブ・コード取付部のファスナはこれより十分高い強度を有するとの結果を得た（原文ママ）」とある。つまり、より一層高い圧力でなければ翼端カバーは破裂しない、と説明している。ｐｓｉとは、単位客室差圧（１ｐｓｉ）を表す。結論として、「胴体後部圧力隔壁の破壊によって流出した客室与圧空気の一部が垂直尾翼内に流れ込み、内圧が約４ｐｓｉ上昇（事前加圧を足すと１０４ｐｓｉ）すると垂直尾翼は破壊し得ると考えられる」と書かれてある。このトリックをおわかりだろうか。さきほど翼端カバー（圧力が吹き溜まりとなった部分）は７・１〜８・６ｐｓｉ以上なければ破壊しない、と実験で証明されたのだから、なぜ、４ｐｓｉの内圧で破壊することになるのだろうか。一番の目的は翼端カバー、つまり垂直尾翼トップ付近のカバー部分に、圧力が溜まりに溜まって内圧で破損することの証明であったのだから、ここまでやっても逆に破裂しないという結果になってしまっている。この矛盾に、気付かないはずがないだろう。

同じように、リベットが破裂するまで圧力をかけ続け、後部圧力隔壁破壊に至るまでを試した研究や防火壁破壊実験もある。それにしても、これだけの内外の差圧で、最後部の座席に座っていた四名が、垂直尾翼先端に吹き上げられることもなく、外に飛び出ることもなく、生存していたのである。

それよりもすでに、外力によって垂直尾翼が先に崩壊していたのであるから、そもそもこんな実験は必要ないのである。

このように、大金をかけて実験を行い、専門家が限られた情報だけを与えられて行ったこれらの研究は、これから国産飛行機を造るための基礎データにするならばともかく、「異常外力着力点」を抜きにして、それぞれ実験をする意味は全くない。

外力によって穴の空いた垂直尾翼が、なぜ内圧で吹き飛ぶのか。子供でもすぐわかることを、三十五年間も騙してきたのである。

こういう「目眩まし手法」で報告書を書き、素人である国民を欺く専門家がいたとして、そこにいかなる政治的判断があろうとも、これでは、521人の死の証明にあまりにもお粗末であり、たとえ権威のある研究者であっても政府側に阿《おもね》った発言をして許されるはずがない。その威力を笠に着て反論を受け付けない、つまりこのような屁理屈をつけてもなお再調査しない、というならば、これは権威による人殺しということになる。特に科学の前では倫理観を失ってはいけないのである。

また、専門家に責任を押し付けて判断をゆだねるという政府の責任逃れも許されることではない。

次は、この「異常外力着力」は何によって発生したのか、ということについて考えていきたい。

隕石は横から当たらない

歴史をひも解けば、隠蔽された出来事は、必ず後から真実を語り始める。

二〇一一年に出た『事故調査報告書解説書』では、相模湾の捜索がいかに大変で難しいかが何ページにもわたり強調されている。しかし、その後の二〇一五年八月十二日に、相模湾に沈んだままの残骸が、飛行ルート真下の水深百六十メートルという浅いところで簡単に発見できたように、後からこの解説書の欺瞞に満ちた記述がわかる。

昨年の上野村・慰霊の園での追悼慰霊式にて、赤坂祐二日航社長がそれでもなお、「相模湾は深いので難しい」と発言したが、これは単なる無知か、またはうそぶいたのかわからないが、遺族側から見ればすべてが嘘つきに見えてくるのは当然である。それだけならばまだしも、今回発見した異常外力着力点についても、この『事故調査報告書解説書』には全く書かれていない。これによって、私たちを騙した経緯が明確に見えてくるのである。柳田邦男氏による解説文をあわせて公表して権威づけをしたことも含めて、すべてが色あせて見えてくる。

なぜこの『事故調査報告書解説書』で、垂直尾翼への「異常外力着力点」の位置や、その外力で崩壊したことを隠したのか。問題はそこにある。

ちなみに運輸安全委員会は、民間の報道機関が相模湾で容易に発見した残骸について、もう終わったこととして見解を一切発表していない。さらに当初から「異常外力着力点」についても、昭和六十二年発表の事故調査報告書に一文記しただけで、その後もずっと知っていて知らぬふりを通したことになる。

それでは、この解説書の表現から、万が一、後から真実がわかった場合への対応として、どういう記述で書けば言い逃れられるかという隠蔽する側の論理を知ることができるので、それについてわかりやすく説明してみたい。なお、「　」の中は、原文ママである。

「異常の発生は突然の『ドーン』という大きな音から始まっており、フラッタの発生を裏付けるものではありません。DFDR[*8]には約11トンの前向き外力に相当する前後方向加速度が記録されています」

ここから、異常事態が、ドーンという音で始まり、11トンほどの前向き外力が記録されている事実がわかる。しかし、その原因となった異常外力着力点には一切触れずに、

「これは、外気より圧力の高い与圧室内にあった空気が、圧力隔壁及びAPU防火壁を破壊し、胴体後端部を分離させて噴出したものと考えられます」

と、結論を誘導している。さらに、

「ミサイル又は自衛隊の標的機が衝突したという説もありますが、根拠になった尾翼の残骸付近の赤い物体は、主翼の一部であることが確認されており、機体残骸に火薬

や爆発物等の成分は検出されず、ミサイルを疑う根拠は何もありません」

と一方的に結論づけている。なお練習用ミサイルは火薬を搭載しないゆえ、成分は検出されない。これについては炸薬なしの練習用ミサイルの可能性には触れていないということだ。これを言われると都合が悪いらしく、どうしても炸薬入りを前提としてミサイル説を否定したいらしい。

さらにこの説明によると、尾翼残骸付近に赤い物体があった、ということになる。ちなみに主翼の一部の赤い色は目撃者が見たオレンジ色ではなく、大きさも形状も違う。別の朱色の物体である。

「また頑丈にできているはずの油圧配管は外部からの物体が衝突しない限り折損するはずがないという点も、その説の技術的根拠となっています」（傍点筆者）

ポイントは、「外部からの物体が衝突しない限り」の部分である。つまり、頑丈な配管が実際に切断されたのは、外部からの物体が衝突したからだ、ということを逆に証明していることになる。結果から見ても、外部からの物体の衝突があったことを認めざるを得ないということだ。

「しかし、上方と下方の両方向舵をそれぞれ操作する2個のアクチュエータ（油圧などからのエネルギーを並進運動や回転運動に変換する駆動装置）は、墜落現場で見付かっていないことから、相模湾で一部が漂着した両方向舵とともに異常発生時に脱落したと考えるのが妥当です」

ここから、異常事態が発生した事件現場は相模湾だ、ということがわかる。

こうやって本当に重要な点（異常外力着力点）を隠しておいて、後から発見された時のために、ほのめかすような手法は、自分たちの言い逃れの場、つまり逃げ場を作っておく姑息な手段とも言える。「政治的圧力でそうするしかなかった」というのであれば、それも含めて自分の意見を議事録に明記しておき、適切に保存して後世に知らせなければ、公務員としての役割を果たしたとは言えない。

なぜ、このように隠したいのか、誰の強い指示なのか、この点を私たちは絶対に見逃してはならない。

「大事の前の小事」と言いたいのならば、大事とは一体なにか、そして５２１人の乗客という、お金を払ってたまたま飛行機に乗った人たちのいのちが、小事と言いたいのだろうか。大きなことを成し遂げるためには小さな犠牲はかまわないという発想なのだろうか。

一九八五年という戦争でもない平時において、それはない。たまたまその時の政府に事故調査委員会委員として指名されて雇われた人たちが、たまたまそのタイミングでいた中曽根康弘総理大臣の意向を最大限汲み取り、お国のためと称してあるべき姿を見失い、真犯人を野放しにしただけではないか。

故意過失を問わず、遺体損傷も含めて、殺人者は殺人の罪で裁かれなければならないのである。

二〇一九年に私がこれらの公文書を発見した時を基準とすればこの三十四年間、隠し通された「異常」な外力の正体について、これがどういうものだったのかを検証してみたい。

『別冊』には、「VRTFの下向き（図では正の向き）のピークは、36・6秒付近にあり、その大きさは、約75キロ・ポンド（約34トン）である（原文ママ）」と明記されている。なお、これは最小値であり、様々な状況を前提として計算した結果は、「最大値は、約160キロ・ポンド（約73トン）」と書かれている。

この数値に対して、「垂直尾翼を破壊させた内外圧力差と破壊部の垂直方向の投影面積とから判断して、ピーク値約160キロ・ポンド（約73トン）は大き過ぎると考えられる。（原文ママ）」とし、仮説や前提条件によって数値は変わるとしている。

ここで重要なポイントは、「内外差圧（圧力の差）では、垂直尾翼破壊部の面積から考えると説明しにくく、これだけの大きさは生じにくい。従って差圧ではなく、もっと大きなものがぶつかった、そのエネルギーによって破壊されたとも考えられる」と示唆していることだ。これぐらいの破壊力をもつ物体が、飛行機の垂直尾翼の横から当たったということになる。

この「外力」は、飛行機の左側の横、つまり側面から当たっている。最初の報告書では11トンだったが、ここでは34トンから73トンの力と幅がある。まず、墜落の発生当初に話題となった「隕石がぶつかった」という説だが、上からならばともかくも、真横から隕石は当たらないので、これは当然のことながら却下される。

また大気中で暴風が発生したとしても、それは機体全体に影響するものであり、着力点の一点に集中するものではないのでこれも違う。もしもオレンジ色の大型鳥が飛んでいたとしても、エンジンに吸い込まれたら別だが、この強固な垂直尾翼の側面は鳥程度では破壊されない。

とすると、空中を飛ぶ何かの物体が、この一点に集中して当たったことになる。しかも、巨大なジャンボジェット機の全体を破壊するには及んでいないことから、イラン国で起きた誤爆のように爆発する火薬があるものではない。ただ、この着力点にその物体が当たったことで周辺を破壊するぐらいの力はあった。そして、風速の影響も受けて垂直尾翼が半分以上バラバラとなって相模湾周辺に落ちた、という状況に至る物体であったことになる。

しかもその物体は複数飛んでおり、一つは垂直尾翼に着弾し、もう一つは静岡県藤枝市上空で目撃された。形は円筒形のようなもので長さが四〜五メートルぐらい、色はオレンジである。目撃証言では、日航機のお腹付近に張り付いているように見えたということだが、実際に張り付いていたのかどうかはわからない。ジャンボジェット機と同じ動きでぴったりと寄り添いながら飛行していた可能性がある。その後、その存在が裏付けられるのは、上野村での村民による複数の目撃証言だ。墜落時刻前頃に、オレンジ色（朱色）の飛行体が、単独で飛行していたのである。単独飛行ということは、ミサイルの特性から次の状態が考えられる。

一九八五年当時に研究されていたのはホーミング誘導と呼ばれ、ミサイルに内蔵した「目」と「頭脳」を使って判断しながら、自律的に標的まで飛んでいく撃ちっ放しミサイルである。その中でも、レーザー・セミアクティブ誘導方式と呼ばれるものは、敵の艦船や飛行機に向けて放射電波を発し、その目標物から反射電波をミサイル最前部に内蔵したシーカと呼ばれる受信装置で受け、反射源をたどり続けながら、目標物に着弾させる仕組みである。そうなると、目標物である日航１２３便に放射電波を発して実験したとすれば、実験過程の不手際で突発的にミサイルが出てしまい、静岡上空から上野村まではミサイルが自律的に飛行できたものの、なんらかの事態で目標物（日航123便）を見失ってしまったか、またはミサイル内蔵の燃料が切れたのかは不明だが、いずれにしても単独で飛行していた状態を村民が見た、ということになる。

さて、この「異常外力」の正体だが、米軍と自衛隊が関与していたと中曽根康弘首相がほのめかしたのであれば、軍用装備品を検証しなければならない。

自衛隊の装備品には、模擬ミサイルという炸薬を積まない練習用ミサイルがあり、模擬標的機といったものもある。オレンジ色の軍装備品の一部を口絵に掲載した。『図解入門　最新ミサイルがよ～くわかる本』（井上孝司著、秀和システム、二〇一七年）においても米国の模擬標的機の発射風景写真に「目立つオレンジ色が塗られている」という記載もある。

日航123便が墜落した日は、ちょうど防衛庁は護衛艦「まつゆき」の試運転中で、国産のミサイル開発をしていた最中であった。しかし、当日は米軍との合同訓練はなかった。前々日に国産ミサイルのモデルとなっていた米国産のミサイルを飛ばしながら、空対空と巡航ミサイルの二種類を開発中であったと報道されている（模擬ミサイルもオレンジ色だ）。

さて、「異常外力に起因する事件」という点には、もはや異論は生じない。その外力を発生させて飛行機の垂直尾翼の側面に「着力」させた人間が犯人であるのも間違いない。

墜落した早々に何の調査もしていない段階で、「日航機墜落事件」と外務省職員が書いたのだから、外務省は「事件」の犯人を知っていたことになる。そうなると、米国も含めた関係省庁も知っているはずである。

そこで今度は米国公文書の「正門」をノックすることにした。

米国の情報開示

まず先に、情報公開先進国であるアメリカ合衆国は現在までどのようにして情報を管理してきたのか、その流れを簡単に俯瞰してみる。

米国はその国の成り立ちからして、自分たちが委託した政府が情報を秘密にするのは極めて例外的措置であるとしている。基本姿勢としては、国民にすべてを公開する、自由で開かれた国を目標に掲げている。ただ米国の歴史上、時の政権によって様々な変容を遂げてきた。

第一次世界大戦あたりから、秘密指定情報制度は軍部が独占するようになっていき、それが軍事情報のみならず、非軍事にも拡大していくのだが、その過程で歯止めが必要だとして、指定対象の精査や分類を行っていく必要性が出てきた。そこでアイゼンハワー大統領のもと大統領令を発令し、秘密指定情報は詳細かつ明確に軍と政治で担当が分離されていった。

しかしながらレーガン政権時の一九八二年、米ソ緊張の高まりという名目で、いったん秘密指定が解除された情報をもう一度秘密指定するといったように秘密保持を強化していく。この時代、秘密指定情報の柔軟化と強化を図った。スターウォーズ計画を立ち上げ、第一次トランプ政権と同じように宇宙衛星を駆使して戦争を行うことを目標に軍事開発研究費の予算を増強した。ちょうど日航機墜落事件が発生したのが、このレーガン政権時となる。

その後、ソ連崩壊や東側諸国の民主化などにより、クリントン政権の時代になると、「疑わしいものは秘密としない」という方針の下、省庁でバラバラの管理状態を中央で統一していった。レーガン政権が廃止したものをひとつずつ復活させて、秘密指定を自動的に解除する、としたのである。そのための明確な基準を設けて、国民にオープンな政府機関となっていった。私はこれが本来あるべき姿であろうと思うが、それを不都合に思う人たちも多かった。

ブッシュJr.大統領の時、二〇〇一年九月十一日9・11大事件[*9]が起きた。すると、ブッシュJr.大統領令で、クリントン政権時に培われた秘密指定情報の制度は原則廃止となり、秘密指定期間の上限も廃止、さらに大量破壊兵器（のちにイラクにはなかったと確定した）の情報など秘密情報指定強化を促進していく。そして悪夢のリーマンシヨック[*10]につながっていくのである。

二〇〇九年、オバマ大統領の時代になって「国民参加による、公開性と透明性を持つ公民が協調する国家の構築」がなされていき、ようやく米国建国時の信条に基づいた社会を取り戻しつつ、より高いレベルでの政府の有り様を目指した。オバマ大統領は、「オープンガバメント・イニシアティブ」を掲げ、秘密指定といえども永遠に秘密にし続けることは、決して許されないと公言し、国家秘密指定解除センター（National Declassification Center：NDC）を設立した。これは現在まで存在している。

しかし、オバマ大統領時の二〇一〇年に、ウィキリークス事件[*11]によって大量の外交機密文書が漏洩する事態となった。日々変化する世界情勢の中で、ネット環境におけるセキュリティ対策の強化や、大統領主導の秘密情報制度は、その時代の大統領の国家安全保障への政策や力量、先見性などによって大きく左右される。特にレーガン時代、ブッシュ親子時代は国家安全保障に重きをおいたため、政府の情報開示は閉じられる方向性にあったのは事実である。

このように共和党政権による情報のクローズ、民主党政権によるオープンには、それぞれ問題も多いが、ある意味でバランスがとれているため、国民もいずれは秘密情報も開示されるという安心感と国家への最終的な信頼感が存在する。

二〇一六年からはトランプが大統領に就任。「メキシコとの国境に壁を作る、宇宙軍を創る」と唱え続けていたが、この発想はレーガン政権の冷戦時代のものだ。再び強いアメリカを唱えて国防費を増やし、軍需産業を活性化させるために宇宙軍を創るという意気込みの背景には何があるのか。その後、バイデン政権を経て第二次トランプ政権が成立したいまこそ注視しなければならない。失敗した政策にかかわる情報や国家機密の情報はクローズする方針だと想像できるからだ。

一方、日本はどうだろうかというと、歴史的にも情報公開の後進国であり、特に近代以降の官僚制度は恣意的な文書管理を行い、敗戦時の大量破棄を経て与党自民党と官僚によって情報が長年独占されてきた。市民革命もない日本においては国民側の意識も低く「情報公開がなぜ必要なのか」について深く考える機会がなかった。

公文書は国民のものだ、という考えがようやく広まって法制度が完備されたのは一九九九年に情報公開法（行政機関の保有する情報の公開に関する法律）が制定されて、二〇〇一年に施行された時である。この法律が制定されて公開義務が発生する前の一九九九年十一月に、航空機事故調査委員会は日航123便事件の関連資料一トンもの大量文書を断裁し、破棄、焼却した。

これでますます、この事件が国にとってうしろめたいものである可能性を強めたと言える。

国家安全保障上の問題と言えば、何でも秘密が通りやすい日本の現状を見ると、日本という国が情報開示に消極的な姿勢であることは、歴史を見てもわかる通りである。

安倍政権時はとりわけ顕著だったが非公開や削除が当たり前となれば、政権側の秘密の乱用や個人的な違法行為のもみ消し、政治家や各省庁の官僚が、自分の失態を隠す手段として情報をクローズして悪用する可能性も否定できない。

そこで私は遺族の方々や全国の支持してくださる弁護士の皆さんと、米軍横田基地の情報開示、日本の運輸安全委員会（事故調査委員会の後身）の情報開示、米国における公文書記録管理局の情報開示、日本航空株式会社における情報開示の請求を同時に進めていくことにした。

いままで、陰謀説といい、正面から議論せずにレッテルを貼ってきた人たちも、開示された公文書に書かれているものであれば文句のつけようもあるまい。

今日に至るまで、異論について真摯な議論に値しないと冷やかしの論調で故意的に隠してきたのだから、この事実を明らかにすることは、５２１人の死者のみならず一般人を騙す手口の解明ともなる。

重要なことは、「情報を持ち、隠すことができれば、無知を意図的に支配できる」という見本が、この日航１２３便であってはならないということだ。これを悪しき事例とするのではなく、私たちが騙されないようにすることこそが未来への義務である。

さて、今までわかったことを整理すると次のようになる。

①　今回の公文書で明らかになった点は、「日航機墜落事故」は本当は「事件」であると日本の外務省が認識していたという事実である。なお、外務省は毎月二回行われてきた米軍との会合の場である日米合同委員会にて長年培った情報網を持っている。

②　その事件性が証明されたのが、『事故調査報告書別冊』に書かれた「異常外力着力点」の存在だ。異常な外力が垂直尾翼中部に着力したことにより、垂直尾翼が崩壊するに至ったと記されている。これは事故原因とされてきた圧力隔壁破壊ではないことを明らかにした。百歩譲って、もし万が一、隔壁破壊が起きたとしても、フライトデータの分析では、ボイスレコーダーのドーンという音と同時に、垂直尾翼に外力が加わりそこから崩壊したことが図11（本書一〇一頁）を見ても明確であり、従って墜落の根本的な原因は、外力だと断言できる。

③　中曽根首相が語った「米軍と自衛隊」の関与の意味である。

墜落現場の村民や静岡県藤枝市の住民が目撃したオレンジ色の飛行物体といえば、軍隊の装備品の練習用ミサイルや模擬標的機など、目立ちやすいという理由で朱色に塗られている飛行物体しかない。

次に、「オレンジ色の飛行物体」に関する出所が確実な目撃情報を時系列に並べてみた。

18時24分　静岡県伊豆半島東部沿岸（賀茂郡東伊豆町稲取）の住民
「伊豆大島方面上空でドーンという短い爆音」

18時30分　静岡県藤枝市大東町
「日航機腹部にオレンジ色の物体が張り付いて見えた」

18時35分　静岡県藤枝市大洲中学校付近
「自衛隊戦闘機のファントム2機が浜松方面からジャンボジェットの飛び去った富士山方面へ向かい、山の稜線ギリギリの低空飛行で飛び去る」

18時40分　群馬県吾妻郡東村上空　自衛隊員第12偵察隊一等陸曹による目撃
「航空自衛隊ファントム2機の低空飛行（通常とは異なる気がした）」

18時45分　群馬県上野村・墜落現場となった上野村小学校五年生他大人たち
「大きい飛行機と小さいジェット機2機の追いかけっこ状態を目

撃」

18時50分頃　上野村野栗地区村民

「オレンジ色というよりも朱色の小さな飛行機が後ろからシュー
と白く尾を引いて飛んでいった」

18時55分頃　墜落現場の南側に隣接する長野県川上村の住民・子供たちの絵

「低空を巨大な航空機が頭上を飛び去って長野群馬の県境の山並
み（標高一九七八メートルの高天原山）を越えた直後に閃光と
衝撃音」

18時56分28秒　群馬県上野村の御巣鷹の尾根に墜落

余計なものをそぎ落として確実な情報源だけを時系列に並べればわかりやすくなる。これで事件の発生がドーンという音で始まり、日航123便墜落までに目撃されていたのが、オレンジ色（朱色）の飛行物体と自衛隊戦闘機のファントム2機であることは間違いない。さらに墜落現場の上野村、隣接する川上村の村民たちは、即座に墜落場所を警察、NHK、村長らに伝えていた。上野村の黒澤丈夫村長は県、警察、中央政府へ電話で連絡した。村中の防災無線で情報を集めた。しかし、村の道路はいつの間にか警察と自衛隊によって封鎖されて、現場に立ち入ることができなくなった。

テレビでは一晩中墜落場所不明と報道されている。自分たちが通報したにもかかわらず、どこの誰がもみ消したのか。その間、一晩中、多数のヘリコプターが上空でモノの上げ下げをしている。明け方まで炎が上がり、火災状態が続いていた。上野村の黒澤村長が早朝五時に村役場に行ったときには、すでに泥まみれの自衛隊員や機動隊員が役場の二階を占領して、大勢の隊員たちが床に寝そべっていた。

この「事件」を、なぜいままで事故として処理し、放置してきたのか。これらが公文書で明らかになっていくのである。

当然ながら、「異常」な外力の正体について、真っ先に調査するのが事故調査委員会の仕事であり、それが彼らの任務である。『事故調査報告書』の最初の一ページは、「異常外力」が、垂直尾翼に着弾してそこから垂直尾翼の崩壊が始まった、というところから書き始めるべきなのだ。今すぐにでも書き直さなければならないのである。

ボイスレコーダーの不自然な解析会議

ここで少し角度を変えて、別の方向からこの事件の真相を見ていきたい。

不自然なまでに生データを公表しようとしないのが、ボイスレコーダーである。

恐らくここには、現役の自衛隊員や目撃者たちが見たファントム2機と日航123

便の高浜機長との交信が録音されているからだろうと想像がつく。

過去に、生データの一部が流出して報道され、それを編集したＤＶＤが本の付録として市販された。しかし、このＤＶＤでは、会話の空白部分にナレーターが解説を加えたり、切り貼りしたものであって不自然な部分も多いのだが、素人に勘違いさせるには十分である。これが生のデータではないのは周知のことであるのだが、今やそれを本物だと信じ込む人も多い。さらに遺族に対して、「生データを聞きたければＤＶＤを聞けば良い」という、相手を舐めているとしか思えない言動をする人もいる。それが日本航空の法務やその弁護士となると、それは知識の欠落を超えて悪意となる。

当然、どの国でも、この日本でも雫石事故など事件性のある航空機事故の裁判では、当たり前に生データが公表されるが、この日航１２３便は裁判をしなかったゆえに公開されなかった。結果的に生データを持つ日航や運輸安全委員会の言いなりにならざるを得なかった。これは司法による最大の汚点であり、戦後の闇である。むしろ故意に裁判を避けたともいえる。

実は生のボイスレコーダーが、どういう過程で改ざんされていったのかを示す会議がある。それを次の図16（本書一三〇～一三一頁）の一覧表で示した。これは航空事故調査委員会の「日本航空ＪＡ８１１９号機事故に係る調査抄録」（『日航機事故の謎は解けたか――御巣鷹山墜落事故の全貌』に収録）からボイスレコーダー（ＣＶＲ）

日付	『航空事故調査委員会調査抄録』から CVR調査抜粋	備考
8.27	今後の調査方針について審議 CVR聴き取り、声紋分析、周波数分析実施	運輸大臣、八田委員長談話 記者会見
10.4	CVR調査部会としてB747型機操縦室内視察（JAL羽田格納庫）	
10.9	八田委員長辞任、武田新委員長転任	委員長辞任
12.6	B747型機の音響分析実験打ち合わせ （日本航空羽田格納庫）	
12.8 （日曜日）	B747型機の音響分析実験。地上測定実施	
12.10	B747型機の音響分析実験。飛行測定実施	
12.11	B747型機の音響分析実験。CVR収録実施	
12.13	第230回委員会　経過報告議決	
12.17	**群馬県警5名、CVR聴き取り立ち合い** （事故調査委員会にて）	
12.18	CVR部会打ち合わせ（　　　　　）	**カッコ内不明**
12.19	「日本航空株式会社所属ボーイング式747-SR-100型JA8119号機に係る航空事故調査について経過報告No4を発表」	
12.24	CVR部会打ち合わせ（委員室）	
12.26	第3回CVR部会 12月26日から28日　航空技研	
1986年 1.9	CVR部会打ち合わせ（委員室） **群馬県警4名、CVRテープ再生立ち合い**（事故調査委員会にて）	
1.14	各専門部会ごとに米国調査チームとミーティング CVR部会は委員室で	
2.13	CVRの聴き取り調査（CVR部会）	
2.14	CVR聴き取り調査（CVR部会）	
2.17	CVR聴き取り調査（CVR部会）	
3.11	CVR聴き取り調査（CVR部会）	
4.21	第4回CVR調査部会	
5.14	第5回CVR調査部会	
5.29	第6回CVR調査部会	

図16 「航空事故調査委員会調査抄録」CVR調査関連会議一覧表

日付	『航空事故調査委員会調査抄録』から CVR調査抜粋	備考
1985年 8.12	墜落発生	第204回事故調査委員会開催 運輸省事故対策本部設置
8.14	CVR, DFDR発見 再生には特殊な電源、再生装置が必要。 運輸省羽田航空事務局分室にて再生するが、16日以降になる見込みと発表	墜落現場山腹斜面下約500メートルの沢で発見後、14日深夜・午前零時半運輸省内事故調査委員会事務局へ保管
8.15	CVR, DFDR搬入 米国調査チームCVR, DFDR外観調査	未解析のまま15日のコメントとして、圧力隔壁説浮上（『毎日新聞』16日付） 米国調査チームと打ち合わせ
8.16	第208回委員会 「CVR, DFDRの読み取りについて審議」 CVRの聴き取り、解析作業に着手	ボーイング社：圧力隔壁破壊報道を否定する報道
8.17	第209回委員会 「CVR粗解読の公表について審議」 CVRの聴き取り。解析作業	
8.18	CVRの聴き取り。解析作業	CVRの一部解明との報道
8.19	CVRの聴き取り。解析作業	
8.20	CVR, DFDRの聴き取り、解析作業	
8.21	CVR, DFDRの聴き取り、解析作業	
8.22	第214回委員会 「CVR, DFDRの読み取りについて審議」 聴き取り解析作業	機長：ボイスレコーダー操縦不能と叫んでもトラブル原因は答えず〜一部紙面で報道
8.23	第215回委員会 「CVR, DFDRの読み取りについて審議」 聴き取り解析作業	
8.24	第216回委員会・専門委員（全員）と合同会議 「CVR, DFDRの読み取り及び今後の調査方針について審議」	
8.25	第217回委員会 「CVR, DFDRの読み取りの公表について審議」 聴き取り解析作業	
8.26	第218回委員会経過報告について議決 CVR聴き取り解析作業	
8.27	第219回委員会	経過報告を発表

についての会議だけを抜粋したものである。

まず、ボイスレコーダー（CVR）もフライトレコーダー（DFDR）も同時に発見され、どちらも損傷の程度は他の航空機事故同様といえる。これらは海底深くに落ちたわけでもなく、上野村御巣鷹の尾根の山腹斜面で発見された。通常、現場から引き上げてすぐ解析を行う。詳細なデータを記したフライトレコーダーの解析作業とその会議は七回ほどであった。しかしボイスレコーダーの場合、音声を流して書き写すというだけの作業にもかかわらず、CVR部会という会議は翌年まで引き続き、さらに公表ギリギリまで続けられていた。

なお、このボイスレコーダーの操縦室用音声記録装置の音声分析を担当したのは、航空自衛隊航空医学実験隊第一部視覚聴覚研究室であり、責任者は同室長の藤原治（昭和六十一年一月一日まで）、同じく航空自衛隊航空医学実験隊第一部視覚聴覚研究室の宇津木成介、とある。いずれもコックピット内音声部分を分析したのは航空自衛隊であって、もしもファントム2機の自衛隊員の音声が記録されていたら、自分たちで不都合な音声をノイズで覆い隠すことは十分可能な環境にあったことがわかる。

群馬県警が、ボイスレコーダーの聴き取りに立ち合ったことも記録されているが、本来ならば事件として最初から群馬県警が加わるべきところを、参加したのは一九八五年十二月十七日、一九八六年一月九日の二回だけなのがわかる。このタイミングは、すでに圧力隔壁説が出た後となっている。群馬県警が聞かされた内容は、すべて録音されていたママのものなのか、または、作為的に削除された後のものなのか、どちらなのかについては、十分に疑う余地がある。

なお、これらの会議の議事録も当然のことながら情報公開請求の対象となり、それも含めて、昨年、私たちは開示請求を行った。

生のボイスレコーダーの公表に際して、何度も会議を重ねていたのは、今となっては国民に真実を語るためとは到底言えない。米軍のためにおもんぱかってという理由も成り立たない。自衛隊が自ら分析の責任者として解析を行っているのだから、十分に当事者である。聞き取り調査という名目で、何を調査していたのだろうか。

一九八六年（昭和六十一年）六月二日には、後部圧力隔壁の構造実験、六月二十四日には、内圧によって垂直尾翼がどのように破壊されていくのか強度試験を関係者に公開している。しかし前述のように、いずれも前提となる異常外力着力点については無視し続けて実験を重ねている。

調査経過報告や一周忌を経て、圧力隔壁説を補強し続ける研究を数回行い、一九八七年（昭和六十二年）六月十九日に運輸大臣へ事故調査報告書を提出して無事に「世間を騙す役割」を果たしたのだろうが、未来永劫秘密にしておくことはできない。七月一日、最後の第二八八回委員会を終えて、翌日、懇親会を十七時から十九時まで行い、全会を終了したのである。

そこで今回、こちらの情報開示請求に対し、彼らがどのような回答をしてきたのかについて、次の章でその検証をしていきたい。

第三章

沈黙と非開示——罪を重ねる人々

当時の事故調査委員会が、異常外力着力点という事実をなぜ調査対象から外したのか。

本来、そこからスタートすべき事故調査報告書に、墜落原因は圧力隔壁という理由を後から付けたのは何故だろうか。軍事行為による「異常外力発生」によって墜落したことが間違いないとすれば、それを記した公文書は果たしてどこに存在するのだろうか。

昨年、ご遺族の一人が請求人となって、国土交通大臣宛てに情報公開請求を行った。二〇一九年(令和元年)六月十日に最初の結果が来る予定であると、前著『日航123便 墜落の波紋』ではここで終わっている。

この昨年から引き続き行っている情報公開に対して、二〇二〇年(令和二年)三月十日にようやく答申書がきた。

答申書——嘘も詭弁もつきたい放題

情報公開法に基づいた請求について、これがどういうものなのか、言葉の説明も含めて先に簡単に説明をしたい。

二〇〇一年にこの法律が施行されて、行政機関や独立行政法人などの職員が組織的に使用した文書、図画、電子データなど、保管しているものは、基本的に誰でも請求すれば見ることが可能であるというのが情報公開法の趣旨である。当然、前述した会議の議事録も含まれる。行政文書一件につき三百円の手数料（オンラインは二百円）で、指定されている総務省の開示請求書に必要事項を記入して、それぞれの行政機関や独立行政法人の情報公開の窓口に郵送すれば申し込みができる。非常に安くて簡単である。ただし、開示することで差しさわりがある国家の安全に関わる情報やその他諸々曖昧な基準がそこに存在しており、不開示となる場合も多い。不開示という通知に不服がある場合、審査請求ができる。総務省情報公開・個人情報保護審査会という、第三者の立場の人たち、主として学識経験者や弁護士などによって公平、中立的に不開示について審査をするという諮問会があり、その審査委員は黒塗りされていない原文やそのままの文書や図表などを見ることができる。三名が一つのチームで合議により答申を出す。その結果が「答申書」として請求者に送られてくるのである。

しかし、実際には関係省庁が審査会の結果に従わないケースや、偽の公文書を作っていたケースも明らかになり、制度そのものの形骸化も懸念されているのが現状である。

平成三十年度（二〇一八年度）、四十六の国の行政機関と百九十三の独立行政法人等を対象とした情報公開法施行の状況概要では、開示請求件数が、行政機関15万2641件、独立行政法人7993件となっている。そのうち決定は、行政機関13万8852件で、このうち開示決定（全部及び一部を開示する）は13万5795（97・8％）、不開示決定は3057（2・2％）である。開示決定の内訳は、全部開示が4万626件（29・3％）、一部開示が9万5169件（68・5％）と、一部開示が多い。独立行政法人等では、7525件が決定されて、このうち開示決定は6883件（91・5％）、不開示決定は642件（8・5％）である。開示決定の内訳は、全部開示が3407件（45・3％）、一部開示が3476件（46・2％）と半々位である。

そこでこの日航123便のケースについて説明をしたい。

昨年、私たちは、「日航123便墜落事故のボイスレコーダー、フライトレコーダーその他調査資料一切（マイクロフィルムを含む）」の行政文書開示請求を行った。

これに対する運輸安全委員会事務局長からの通知結果は、一部のみ開示、あとはすべて不開示であった。その一部とは何かというと、すべて英文の書類である。そこには、日本の事故調査委員会が作成した日本語のものは一つもない。しかもその英文書は、米国での一般的な解説文であり、次の七つだけである。外国人が提供した英文書を公開し、自分たちが作成した議事録やその他諸々すべては不開示という対応である。

その英文のタイトルを簡単に訳して並べてみた。ここから事故調査委員会の意図的な策略が見えてくる。

開示可能な書類（すべて英文、詳細は本書二三九〜二五八頁）
米国・軽飛行機の衝突実験—三つのフライトパーツ角度によるもの
NASAとFAAによる一般的な航空衝突プログラム
NTSB（AAS－81－2）大型輸送機の機内安全について
ボーイング耐空性の指令第二巻（AD86－08－02）
ボーイング耐空性の指令第二巻（AD85－22－12）
飛行機の損傷許容要件（USAF）
DC－10　意思決定基準要約レポート（FAA）

これらはアメリカのNASA（航空宇宙局）やFAA（連邦航空局）、NTSB（国家運輸安全委員会）、USAF（空軍）が作成したネット上でも閲覧できるような米国一般文書であって、日本の公文書ではない。日本の事故調査委員会が自分たちで作成したものや日本語の文書は一切含まれていない。この決定からは、「遺族がその場で閲覧するのだからどうせ英語ならわからないだろう、適当に英文書を一部開示として伝えれば、統計上一部開示として数値が上がって、閉鎖的ではないという体裁が保てる」

と判断したのだと推定できる。

なぜならば、ボーイング社のジャンボジェット機の墜落に対して、わざわざ軽飛行機の衝突実験レポートや他社の別の飛行機、DC－10型機（マクドネル・ダグラス社）のレポートを開示するとしているからだ。一九八五年当時、マクドネル・ダグラス社とボーイング社は全く別の会社である。しかも墜落したのは、ボーイング社のB－747SR－100型機である。私も三発エンジンのDC－10には何度も乗務をしたが、ジャンボジェット機と大きさもすべて全く異なる。

これを開示とした運輸安全委員会のほうが、逆に英語を読めずに墜落した飛行機の会社も機種すらも知らなかったのだろうかと思われる。そうでないとすれば、DC－10型機のレポートをなぜ遺族に見せる必要があるのか。この悪意に満ちたとしか思えないふざけた開示状況を見ると、これは明らかに遺族への冒瀆であってこのまま許してよいはずがない。

そこでこの決定を不服として、行政不服審査法の規定により審査請求を行った。これは先ほど述べたように、運輸安全委員会委員長による不開示が妥当なのかどうかについて、請求人から不服が出たことを受けて、総務省情報公開審査会に諮問し、委員が審議して答申する、それを答申書にまとめて請求人に裁決という流れになる。

審査委員三名によって詳細な調査を重ね、このまま不開示でよいのかどうかについて、そこに正当な根拠があるのかどうかを調べるのである。その会議には法律で強い権限が与えられており、各省庁は黒塗りされていない文書や図表等を提出しなければならない。非公開の場で本物を見て判断をすることになる。さて、その結果はどうなったのだろうか。

二〇二〇年（令和二年）三月十日、公平で中立な委員たちが出した答申書は、「本件対象の文書、その全部を不開示とした決定は妥当」であった。つまり「不開示でよろしい」という結論である。その理由については、この審査会そのものの弱点も見えてくるので答申書の要点をわかりやすく解説していきたい。

まず当初、運輸安全委員会が請求人の遺族に対して、不存在と回答したボイスレコーダーとフライトレコーダーについてである。これについては審査途中で通知があり、「不存在」ではなく、「日本航空に返却した」という内容に変更された。

審査の結果、運輸安全委員会は所有者の日本航空へ返却したために不存在という結論となった。ここで日本航空がそれらを所有していることが明確になった。

次に、当時の事故調査委員会の議事録や文書、証言、図表等の一切について、通常ならばその全体像を明らかにしてリストを作成し、これは開示できる、これは不開示と個別具体的にするものなのだが、一切それをせずに、いわゆる十把一絡げ状態で全部不開示であった。その理由は要約すると以下のとおりである。

① 対象文書は複数の資料等から構成されている。運輸安全委員は、科学的で公平な判断を行うために職権が独立して行うこととされている。しかし個別具体的に特定した文書が明らかになると、検討や審議、前提となる調査内容や方向性について、外部から指示、干渉、不当な圧力を受けるおそれが生じる。このおそれは、この文書を公にした場合も生じる。終了したものでも、将来予定されている同種の審査検討での意識決定に不当な影響を与えるおそれがある。

② 関係者から得た情報は一定の信頼関係によって原因究明目的以外ではたとえその一部でも収集したものを公開することは信頼関係を著しく損なうおそれがある。

③ 公にすることで他国等の信頼関係が損なわれる情報について、一般の行政運営情報とは異なり、政策的判断を伴う。我が国の安全保障上または対外関係上将来予測として行政機関の長の裁量を尊重し、国際民間航空条約の下で国際的枠組みを前提として、我が国の一存で公にすることは、我が国の事故調査制度に対する国際的な信用を失墜させるおそれがある。

この答申書では、他にも文書内で異常なほど「おそれ」という言葉の乱用が見受けられる。ボーイング社と日航が墜落の原因を認めて、すでに公にされていることばかりである。それ以外の何をおそれるのだろうか。ましてや、国際民間航空条約を持ち出すことは、全く理由にあたらない。なぜならば、世界中の航空機事故の裁判では、当たり前に公文書を開示しているからだ。米国でもイギリスでもどこでも三十年経てば国際的な取り決めで公開しており、外務省情報公開審査基準でも明らかである。日本における外交記録公開制度は、ＩＣＡ（International Council on Archives）国際文書館評議会の原則を踏まえることを自ら定めており、国際基準においても関係諸国同様に、戦後ＩＣＡ三十年公開原則を基本として外交を行っている。それからみても、日本だけが逆に守っていないということになり、この審査委員の理屈は通らない。

さらに、インドで起きた日航ニューデリー事故時、[*12]日航はボイスレコーダーやフライトレコーダーも含めたインドの事故調査報告書の資料、情報、目撃者の証言などをすべて公開して、インドのニューデリー高等裁判所において裁判を行った。米国、イギリス、さらに日本からも警察が出向き、日本航空は機長も法廷で証言した。ＮＨＫではその一年後、「あすへの記録」というドキュメンタリー番組まで作っているのである。これを見ても、どこに、国際関係を損なうおそれが存在するのだろうか。単に自分たち（事故調査委員）が公開することをおそれているにすぎない。

さて、詭弁の際たるものは、

「本件事故の調査過程で内部での検討のために作成された文書が含まれており、これらは審議途中の検討段階における資料である」

つまり、三十五年間も審議途中で、現在も検討中である、と書いている。いつ審議して、どこにその形跡があるのだろうか。一九八七年（昭和六十二年）に最終報告書が出されて以降、二〇一一年の解説書で、数ページもかけて相模湾で残骸が発見されない言い訳を書いたのが最後である。

審議中というならば、最も重要な相模湾での残骸引き上げすら行っていないことをどのように説明できるのか。それでもなお審議途中といえるのだろうか。言えるはずもない。なぜならば、二〇一五年八月十二日、相模湾で機体の残骸が見つかった際、運輸安全委員会はマスコミに対して、

「すでに事故調査は終了しており、コメントは差し控えさせていただく」と述べている。自らテレビという公の場において、「終了している」ことをはっきり認めているのである。

公正、中立でなければならないはずの答申書は、「審議継続中につき不開示」でいい、だから、国立公文書館に移管するつもりなど全くない、という国土交通省外局運輸安全委員会の無責任な見解を発表しているにすぎない。明らかに自分たちの都合に合わ

せた方便である。

この答申書が物語る本心を書けば、「実際は終了しています。しかしながら一応審議途中にしておきます。三十五年間もずっと審議していることにすれば不開示と言えるので、不開示とします。つまり証拠品は誰にも見せるつもりはありません。なぜならば諸外国や世間に自分たちの失態がばれてしまうからです」ということだろうと思われる。

次に私が思うのは、なぜどこまでいっても公平性を欠き中立が保てないのか、という点である。政府から独立した機関であっても、どうしてそれができないのか、という理由である。それは金銭面や精神面から派生する依存心なのだろうか。それとも、事実を公表すると波紋が大きすぎるため、ともに嘘をついてくれた人たちへの裏切りとなることをおそれる心なのだろうか。その結果、521人を犠牲にしてもかまわない、という論理なのだろうか。

ここが日本人としての甘えの構造の原点なのではないかと私は考える。

「小型機の英文書でも出しておけばよい、DC-10でも何でも適当でいい」……。

こうやって誤魔化せば済むと思うその心は、未来に次々と犠牲者を生み続けるのである。これは決してやってはいけないことであって、これで済むはずがない。究極の甘えである。いい加減、もっと心が育たなければいつまでたっても未熟な「子供」の国となる。この原因も追究しなければならない。

なお、この答申書はネット上の総務省の情報公開ページで公表されたが、突然に消える可能性もあるため、巻末資料3（本書二四一〜二六〇頁）として全文を掲載しておく。法律用語と書き方に馴染みがない人は少し難しいかもしれない。こちら側の意見と主張が書かれた部分を読んでいただければは、当然のことながら、誰もが納得する正当な内容である。それに対して運輸安全委員会と審査委員三人の答弁が書かれた部分は、〝おそれ〟という言葉を乱用しながら、滑稽なほど繰り返し同じ文章が出てきてよくわからない日本語である。それを感じながら読んでいただきたい。

今回、日航123便の公文書開示請求をボランティアで行ってくださっている三宅弘弁護士は、

「（国際民間航空）条約が有るから全部非公開でいい。三十年以上経ってもまだ調査中だから、国立公文書館に移管もしないという大変荒い議論だ」と憤慨する。

なお三宅弁護士は、二〇〇一年から総務省の行政機関個人情報関連の法律に携わり、情報公開法の制度運営に関する検討会委員、内閣府公文書管理委員会委員等を務め、法制度を熟知し、第二東京弁護士会会長や日本弁護士連合会副会長、関東弁護士会連合会理事長なども歴任された方である。

ご多忙な三宅弁護士の仕事の合間を縫って、私はご遺族とともに何度も事務所に伺

った。

お会いした当初は、世界最大単独機事故を起こした原因を記した公文書は、当然のことながら生のデータもすべて国立公文書館に移管させて、ボイスレコーダーもフライトレコーダーも国民が誰でもアクセスできるようにするのが、本来の公文書館の役目であると語られ、それを一緒に成し遂げましょうという方針を立てられた。そうなれば一番良いと同意して、これまでに調査した様々な資料を持参した。しかしその後、森友問題や加計問題が起こり、公文書管理法で定める際に想定していない〝まさか〟の事態が次々と明るみに出てきたのである。改定公文書ガイドラインに関わった当事者である三宅弁護士にとって、それは考えもしなかった状況であり、法で定めた深い趣旨を理解しないどころか、平気で逸脱する非常識さであった。どれほど国民のためになる法律を制定しても、実際にそれを運用する側の公務員の実態がこれでは全く意味がないということを、現在進行中の様々な事件から実感されているのだろうと見受けられた。

例えば安倍政権時、官邸は首相との打ち合わせや面談記録も省庁との議事発言も指示も一切記録として残していなかった（二〇一九年六月二十四日付『毎日新聞』）。いわば官邸の意思決定はブラックボックス状態である。加計学園問題も検証に必要となる打ち合わせ記録が全く残されていなかったが、新型コロナウイルス対策についても誰が何をどのように指示したのか後から全く検証できないのだ。当時の政権の責任逃れは十分あり得るのだ。

三宅弁護士は、

「ガイドライン改定時に、首相面談記録が官邸で保存されない事態になろうとは考えもしなかった。記録がなければ、これだけ長く在任する安倍首相がどんな政策決定をしたのか検証できなくなる。歴史が残されなくなるという意味でも大問題である」と批判する。

さらに、情報公開請求を不開示とした各省庁の決定が妥当かどうかを調査する前述した情報公開審査会制度だが、前にも触れたようにこの委員会が不適切だと結論した場合でも、各省庁はその第三者機関が出した答申の結論に従わないケースも多発しているという（二〇二〇年四月六日付『東京新聞』）。

「訴訟は時間も労力もかかり、請求者にとってハードルが高いため、簡単に速やかに請求ができるようにしたこの審査会制度の趣旨を、もっと各省庁は理解すべきである」とし、「裁判の法廷においても、（各省庁が黒塗りではない現文書を裁判官に見せる義務が生じる）インカメラ審理（非公開審理手続き）が必要であり、早急に法改正の議論を始めなければならない」と三宅弁護士は語る。

また今度は、経済産業省資源エネルギー庁の職員七名が関西電力の金品受領問題の際、行政手続きでミスを犯し、その隠蔽のために「虚偽公文書作成」[*13]を行っていたことも発覚した（二〇二〇年五月四日付『朝日新聞デジタル』）。

実はこの問題は、外部からの情報公開請求を受けて隠しきれなくなったことで一連の不正が発覚した。その後、経済産業省が発表した処分は、課長級職員一名が懲戒処分の中で一番軽い戒告、他六名は省の内規による訓告と厳重注意という、軽い処分だったことが批判されているが、これらの行為は虚偽公文書作成罪に当たる可能性が高い。森友問題以降、二〇一八年に人事院が公文書の適切な管理に関する懲戒処分指針を改めた際、処分指針の第二、標準例13のところに、公文書偽造、変造などについては免職もしくは停職とする、と記されている。それに比べると非常に甘い処分だといえよう。ちょうど、指針改定時に公文書管理委員会の委員長代理だった三宅弘弁護士は、これらの処分について、「おかしい、甘すぎる」とし、「免職や停職でなくても、せめてその次に重い減給にするのは当然である」と語る。そして、これが先例となれば、せっかく森友問題をきっかけとして重い処分を指針に書いた意味がすべて吹き飛んでしまう、と強調された。

この不正の背景には日本の原発行政の闇に通じるものがあり、原子力行政の在り方が問われている中での虚偽の公文書作成とそれに対しての処分の甘さは、まさに日航123便墜落事件の闇と同じ構造である。三宅弁護士ご自身も、ここまで公文書を取り巻く現場の実態が、ひどい状況だとは思ってもみなかったのだろう。

私はこれらを見ても、官僚や政治家、すべてに共通する無知ゆえの幼稚さと甘さを感じる。

首相の面談記録がないことを指摘されて、官邸文書管理担当の内閣総務官室、中井享内閣参事官は、「基本的には首相秘書官などが省庁に『あの時、来ていたよね？』と問い合わせていると思う。省庁がいつごろ何の案件で官邸にきたのか分かれば、詳しい記録がなくても用は足りる」（二〇一四年六月二十四日付『毎日新聞』から抜粋）と答えている。

〝あの時、来ていたよね？〟

これで足りるという信じられないほど低レベルの人間が内閣参事官になっている。これが内閣の現実だ。安倍晋三首相（当時）と官庁幹部の面談記録未作成に対して、菅義偉官房長官は「面談記録がないことは改定公文書ガイドラインに反しているとは思わない」と会見していたが、この認識がこの内閣のトップレベルだとすれば、それ以下の人が集まるとこうなるという見本のようだ。

経済産業省資源エネルギー庁の虚偽文書作成も、大学の政治行政の授業で零点を取るようなレベルにもかかわらず、

〝うっかり忘れた、ごまかせばいいよ〟

これで済むと思ったというレベルである。法令順守の意識が低いという程度を超えて、法の趣旨を逸脱した事件ばかりが続いている。

こういう彼らにいくら罰則規定を設けても、「行政運営における公正の確保と透明性の向上を図り、国民の権利利益の保護に資するために行政手続法がある」などとは考えもせず、ただひたすら政権と結託して自分たちの権限を守ることだけを次々と考えだすだろう。

どれほど独立性を持たせた委員会を作っても、その委員たちの精神が独立しているとは限らない。だからあの答申書のような嘘も詭弁も出てくるのだと思われる。なお、これらは単なる批判ではなく事実であるから、批判に値しないと言うことはできない。

この政権の現状を嘆く暇もなく、私は米国の情報開示に望みをかけた。

在日米軍の情報開示――FOIA

在日米軍に、情報公開法・FOIA（Freedom OF Information Act）の窓口があり、ここでは誰でも自由に簡単な方法で情報公開の申し込みができる。

実際に過去においても日本の弁護士がクロイツフェルト・ヤコブ病に関して情報公開請求をしたケースなど、日本でクローズでも米国ではオープンにされることが多いと言われた。

私はそのアドバイスを得て、「日航123便に関する横田基地での対応や交信記録、当日墜落現場を上空から発見した米軍のC130輸送機フライトログとフライトリポート、横田基地における日航123便に関する米軍の行動記録の一切の開示」を指定の様式で英文で作成し、提出先を明記して英語圏在住の遺族へ渡した。さらに直接電話もしてもらうようにしたのである。英語での遺族からの電話で、電話口に出た米軍情報開示の担当者は、即刻取りかかるとのことだった。また同じように日本の遺族にも英文で作成した開示請求書を渡して送付するまでを手伝った。

その後メールで、「貴方の要求する文書に関してその記録を取り次ぎしておりますので少々お待ちください」と担当者から連絡があった。

なお、中曽根政権時の日本とやりとりした書簡についても、メモも含めて開示請求を行った。その結果、一九八五年の書簡が極端にクローズされていることがわかった。

そこで担当者に聞いたところ、B－1指定すなわち国家安全保障（National Security）に関する部分だ、との返答を得た。さらに開示するためには、あのオバマ大統領が作った国家秘密指定解除センター（NDC：National Declassification Center）所定の書類を提出する必要がある。それにしても、墜落原因が日本の民間航空会社とボーイング社であるとの結論に達したにもかかわらず、請求内容が国家安全保障に関係するとは、やはり自衛隊と米軍が関係していることを裏付けることが明確になったのが大きな収穫である。

もう一つ、不開示理由があるとすれば、核兵器持ち込みに関するあの密約事件[*14]一九八七年に日本の外務省が米国政府に対して、核兵器持ち込みに関するあの密約事件となった機密文書も含む一九五〇年代後半の日米安全保障条約改定の際の交渉に関する文書等、かなりの範囲にわたる日米関係公文書を非公開にしてくれと米国に要請していた事実だ。

これは二〇一七年一月三日付の『西日本新聞』で明らかになった。米国の文書公開に日本の外務省が介入した実態が判明したのだが、米国側はそれに応じつつも「広範囲にわたっての際限のない非公開要請には同意できない。これは米政府による情報公開を外国政府が統制できるかという根源的な問いを提起している」として不快感を強調したのである。ただ、七〇年代までは他国に要請されても拒否してきたが、八〇年代以降は、公開の是非について当該国と協議する方向にいっている、とのことである。従って日航123便に関連する文書も、外務省が核密約同様に、米国へ非公開要請していている可能性も高い。

現在、新型コロナウイルスの影響で、アメリカの公文書館の公務員たちはリモート操作によるテレワーク（在宅勤務）のため、多少の遅れが出ているが、着々と情報開示の手続きは進んでいる[*15]。

心地良い言葉に騙されるな——元米兵と元自衛隊員からの提言

日航123便事件では、米軍と自衛隊の関与が問われている。どちらがどう関与したのかについては現時点ではわからないが、その参考として、米軍と自衛隊に所属する人々がこの問題をどのようにとらえるかについて考えてみたい。

まず一九八五年の背景として日米貿易摩擦問題があり、日航123便事件翌月のプラザ合意もあってそれに絡めて米軍にやられた事件である、という見方もある。しかし結果として日本が対米追従している現状を見れば、弱みを握られたのが日本側であるのは事実だ。自衛隊が一晩中、人命救助よりも隠蔽工作をしていたことは、その後の調査で明らかであり、そこをとっても犯人を裏付ける証拠となる。航空自衛隊戦闘機のファントム2機が墜落前の日航機を追尾したことが目撃されていること、練習用のオレンジ色の物体を誤って発射させて外力を発生させたことによって垂直尾翼が破壊され、それが墜落の原因を作ったこと、この点についても異常外力着力点の存在によって明確になった。今から開示される公文書を見ればより一層詳細にわかってくるだろう。

ところで私が注目したのは、軍事産業を推進したいという「ロン・ヤス」の軍需経済優先の政策がその根底にあったということである。軍事産業界はいかにして戦争を誘発しようとしているのか、軍隊に所属していた人間で平和活動を行う人たちの本音から、その真実が見えてくる。

私の手元に、元米軍兵士で特殊部隊の狙撃手だったマイク・ヘインズ氏の講演録がある。彼はあのイラク戦争に従軍した戦闘員で沖縄やアフリカのジブチ等での駐留経験があり、現在はベテランズ・フォー・ピース（VFP）という平和を求める元軍人の会に所属して講演活動を行っている。マイクは特殊部隊の精鋭として「ものすごい命中率の高い狙撃手（ルビースナイパー）」であった。退役後、その技術を活かせる合法的な職業などあるはずもなく、もちろん、カルロス・ゴーン氏の違法な出国事件で明るみになった、お金でなんでもする元兵士たちが勤める警備会社もあるが、彼は人間性を失いたくないという理由から、この平和活動を行う会に入ったのである。なおこの会は、奇しくも一九八五年に結成された平和団体で、国連NGOとして認定された組織であり、退役軍人のみならず有名人では、オノ・ヨーコやオリバー・ストーンらもメンバーにいる。

日本での講演は、日本弁護士連合会・関東弁護士会連合会の共催で群馬弁護士会が行った。以前から手弁当で日航123便事件に関わってくださっている、私がよく知る弁護士の方々の主催である。

その講演は、オバマ大統領広島訪問後の二〇一六年十一月二十三日に行われた。マイク・ヘインズ氏が、まず最初に次のように語っている。

「これから戦争の現実をお話しする前に、私の国の大統領のオバマ氏ができなかったことを私はしたいと思います。それははっきりと謝罪することです。平和を愛するアメリカの一般市民と平和を求める元軍人会（ＶＦＰ）を代表して、広島と長崎に投下した原爆についてこころからおわび申し上げます。そして沖縄に駐留した経験から、あの小さな島に、日本にある米軍基地の74％もがあるという現実、沖縄の方は米軍基地の存在を恐れながら生活することではなく、平和を享受する権利を有しています。その沖縄の皆さんに米軍がいまでも居座っていることに対して、心からおわび申し上げます」

この冒頭に飛び出た謝罪の言葉に対して、会場にいた一般市民の皆さんがとても感動したという感想を寄せていた。

謝罪——。彼はここから人間関係の修復が始まると語る。彼の謝罪は、米国文化に浸透した戦争と子供時代からの情報操作によって無意識にまで刷り込まれた「強い米国、アメリカ帝国主義」が世界中に理不尽な戦争をもたらし、それによって、どれぐらいの人々が傷ついているかを実体験した経験に裏打ちされている。

彼は十九歳で海兵隊員となり、上からの命令を素直に聞いて、自分は国民を守るために行く、同盟国で沖縄の人を守っている、と信じ込んでいたが、実際にイラク戦争に行き、戦地で見たもの、経験したものは真逆であったと、経験談として語る。

「テロリズムと戦ってこい、という理由でイラクに派遣されたのですが、実際のところ、自分の行為のほうがテロ行為じゃないか、という認識に至ったのです」

「帰国後、あなたはヒーローだと言われました。でもそれは違う、自分は一般家庭に押し入り、おじいさんおばあさん、お父さんお母さんを殺し、テロ行為を行った。結局、自分は軍産複合体の利益のために働かされていたのだ」と語る。そこにテロとの戦いといった正義はどこにもなかった、イラクには大量破壊兵器もなかった、ということだ。

戦争という現場で目の当たりにしたことは、誤射で仲間が死ぬことであったり、誤った情報で一般人を殺害することであり、敵味方の境界線は全くわからない状況だった。

さらに戦地での支援を行った人たちは、ボーイング社、レイセオン社、グラマン社といった米国軍需産業でトップテンに入る巨大な組織の、いわゆる「Defense contractor：防衛システム製造開発請負業者」という、米国の莫大な国防予算に群がって金儲けをする戦争屋集団だったという。たとえていえば、車で有名なＦ１レースのように、莫大なお金を使って最速マシン（兵器）を開発し続け、兵士を乗せて相手国に挑んで世界最速を競い合い、マシンが故障したり不都合があって、ピットに戻ると、戦争屋の人たちが修理をし、これもあれもドンドン使ってくれと武器を抱えて待ち構えている、それが戦場だったということだろう。金で雇われた傭兵もたくさんいたそうだが、そこには米国人の誇りとか、国のためとか、誰かを救うためなどは一切関係ない。ただ殺し合いをする人たちだということになる。そのために自分も他国の人も巻き込まれて無駄死にとなってしまうのが現実だったと振り返る。

莫大な国防予算は無尽蔵ではないはずだ。また戦争は政治家の外交上の失敗ともいえる。それにもかかわらず、政治家と企業は、必要もない武器を開発して消化することで儲ける会社とつながりやすい。軍事企業世界トップのロッキード・マーチン社の社長は、株主総会で、「イランと和解しても大丈夫。うちはまだまだ中東でもうけられる。不安定な国は成長市場であり不穏な情勢は成長地域だから武器がいっぱい売れる」と語ったそうだ。

そんなところに自衛隊を派遣し、憲法まで改正して軍隊にし、三菱重工やＮＥＣ、川崎重工といった軍事産業世界トップ１００に入る企業の社長が株主総会で、「日本製武器は性能がいいよ、自衛隊の皆さん、どんどん使って戦争に出向いてください」と語る日が来る。その結果、「自分のようにＰＴＳＤ（心的外傷後ストレス障害）に苦しみながら帰国する兵士を多数生み、社会がそれを褒め称えるような国になりたいのですか」と元米兵は強調する。

株主という何の大義も正義もない人たちや、ただひたすら戦争を起こしたい人のために相手も自分も危険にさらされる。他国のみならず誤射で自国民も殺すのである。だからこそ、彼は次のように語る。

「帰国後の兵隊はＰＴＳＤとなって精神を病む。それより、人間として食や環境を大切にした農業や世界平和のための社会モデルを構築している今のほうが、米国のために役立っていると実感できる。軍人生活で得た大きな教訓は、何事においてもすべてに疑問をもつこと。私は一部の人間の金儲けと利益と欲望のために戦争に連れていかれたと思っている。だからこそ、何の疑問も持たずにいることは大変危険だ」

どこかの国に行き、戦争で儲ける行為は、平和を望んではいない人間のものだ。どこまでいってもゴールは見えず、国防という名目で湯水のように税金を注ぎ込んでいく。兵隊が死のうが、国が崩壊しようが、武器弾薬や兵器開発はドル箱であって止まらない。これが戦争の本質である。煽りに乗せられて、いのちよりも、金を優先する戦争の現実を知らなければならない。メディアによる煽りをきっかけに、恐怖心が増大し、エスカレートすると怒りが生まれる、中国脅威論をでっち上げる、これが戦争に向かう「金儲けへの秘策」だそうだが、これには報道関係者の罪もそれに騙される一般市民も含まれる。「米国に見習って日本は戦争への道を歩みたいのですか？　盲目的な追従はやめるべきである」、これが、元米兵の本音だろう。なお、彼は引退後に実際に駐留していた沖縄へ行き、辺野古埋め立て[*16]への座り込みの抗議活動にも参加していた。米兵も地元民も、美しい自然を壊してまでの米軍基地建設には反対だという意思表示だ。

結局のところ、これで得をするのは「金儲け」をしたい人とそこから政治資金を得たい政治家だけということだろう。ここには正義などかけらもないのである。

なお、ベテランズ・フォー・ピースは日本支部もあり、そのメンバーである元自衛隊レンジャー隊員の井筒高雄氏も平和活動をしながら講演している。私は支援する弁護士の皆さんと一緒に食事をした。彼は、第31普通科連隊という戦時に最前線にいく部隊にいた方とは思えず、親しみやすく率直で裏表のない印象を受けた。現役時代の話は大変興味深く、レンジャー五訓[*17]や、隊員たちをわざと思考停止状態にさせるために、イエスでもノーでも、「レンジャー」とだけ言葉を発する訓練をし、死亡や事故が前提ゆえに遺書や遺言状まで作ったという。

彼が入隊した八〇年代は、専守防衛のための防衛出動、治安出動、災害派遣という三つの柱だったものが、その後、政策決定よりも前に防衛産業強化を進言していた日本経団連と、そこから資金を得たい政治家が結託して次々と安保関連法を強行採決し、戦場へ出向くことが可能となった。「ヒゲの隊長」[*18]までグルとなった異常な裁決は記憶に新しい。いつの間にか、平和の治安という目的を掲げて、実際に自衛隊員は軍事関連の経済活動の一環に呑み込まれている。その結果、経団連が後押しして、戦地へ赴くことが当たり前になりつつあることを私たちはもっと強い関心を持って知る必要がある。

二〇一六年三月二十九日に、平和安全法制整備法および国際平和支援法が施行された。これによって自衛隊の派遣拡大、武器使用拡大、米軍への弾薬や補給支援の拡大、自衛隊員の罰則の海外適用が決まった。なお、他国民・自国民にかかわらず人を殺した場合は、殺人罪となって自衛隊員個人が刑事責任を問われることになる。ここに国の意思で戦闘の現場に出向く人の抱える矛盾が生じるのだ。

この法律の最大のポイントは、米軍と自衛隊が一体となって戦う、いわゆる日米一体化と、武器の使用が拡大されていくという点だ。

特に安倍政権から防衛予算はうなぎ上りで、二〇二〇年度防衛予算は前年度当初比1・1％増、五兆三千百三十三億円と六年連続過去最高額更新中である。秋田県での配備が問われている陸上配備型迎撃ミサイルシステムの「イージス・アショア」（二〇二〇年六月十六日、突然計画が停止となった）は百十五億円以上だが、防衛費が五兆円を超え、国際共同開発という甘い誘惑が出てくる。軍産学複合体として、防衛省のみならず米軍からも資金提供をうけて研究している大学や研究機関も実際に増えてきている。ものづくりの平和産業から軍需産業へ転換することが国家戦略として推進されていることを一般人はどこまで知っているのだろうか。さらなる防衛費増額のため、安倍首相は何度も地球を俯瞰する外交と称し、政府専用機も新品の飛行機に替えて飛び回っていたが、その中身は、あれだけの原発事故を体験している国にもかかわらず、原発輸出、日本製の武器輸出のセールスマンになっていたことは、周知の通りである。

私はここに、日航123便事件との共通の「匂い」を感じる。

一九八五年当時、中曽根首相の肝いりで日本企業も負けてはならないと、ミサイル開発に着手し、その真っ只中で日航123便墜落事件が発生した。この時、軍需産業開発で電子関連のシステムを担っていた日本の企業も勝負をかけていた。自衛隊の装備も充実させていこうと躍起になっていた時に、事件は発生した。その際、人命救助よりも優先したのは、軍需産業推進というお金であり、自分たちの失態の隠蔽であったと思われる。墜落現場で、ガソリンとタールの臭いが充満するほどの火炎放射器という武器によって、自衛隊員が一晩中隠蔽工作のために現場一帯を焼き尽くしていたことが、日航123便の機体残骸である遺物の成分調査をした結果からわかった（『日航123便墜落　遺物は真相を語る』参照)。科学は真実を語ったのである。だからこそ、異常外力着力点の存在そのものを隠したかったのだろう。

今年の年頭に起きたイラン軍による民間航空機誤射事件は、また軍事産業による金儲け戦争へ走りそうになる米国に対して、冷や水を浴びせるような役割をしたと思われる。

元米兵と元自衛隊員が語る最大のポイントは、「うまい言葉に騙されるな」である。

米国では子供のころから接するアニメや映画等で愛国主義を刷り込まれていき、アメリカが世界一優れた国、という根拠のない自信を得ていく。航空ショーや基地祭りはまさにディズニーランド同様の楽しさがあり、迷彩服と武器を使う面白さとカッコよさを味わう。重装備した軍人人形が配られる。そしてFREEDOM(自由)のために、COMBAT(戦闘)が必要で、SOLDIER(兵隊)となって、MILITARY MAN(軍人)になろう、国のために名誉ある軍人となり、自由を得るために人を殺そうというメッセージがおもちゃから自然と伝わるようになっているとのことである。全米には多くのリクルーター(勧誘者)がいて、その裏に隠されている事実や否定的なことは一切言わず、お金も入る、大学にも行ける、スキルも磨ける、制服がかっこいいといった相手が喜ぶ言葉しか言わない。愛国心に煽られて入隊した結果待っていたのは、狙撃手として人を殺し、弾薬を補給する戦争屋という軍事産業の人たちの懐に入るお金を稼がされたにすぎなかった。前述したマイク・ヘインズ氏は、この現実をしっかりと見なければ政府に踊らされるということを、日本の方々に伝えたいという強い思いがあった。

自衛隊も同様で、近年は特に災害派遣を通じて弱者を救い、世の中の役に立ちたい、という志を持った若者が、いざ入隊してみたら、なんのことはない、当たり前に人殺しの訓練をすることになり、事前に聞いていたこととは全く違っていたというケースが多発しているという。防衛省は昔の専守防衛を超えて、これからは「死んでもいい」という人を集めなければならないから大変だと嘆いている。考えたあげく、中学生や高校生の卒業生向け案内を送るための情報提供を各都道府県に呼びかけるという異例の事態となったのは記憶に新しいだろう。

さらに、日本語の柔らかな表現に変える手段も注意が必要となる。事実上の軍事作戦を「活動」という。非戦闘地域や後方支援という言葉もそうだ。実際の戦場では、こちらが非戦闘、こちらが後方など、明確に線引きされていない。しかし、いかにも安全地域でサポートするというイメージを持たせる。「駆けつけ警護」という一般人を騙しやすい言葉も要注意である。現実には戦争への参戦であり、国際協力というネーミングの下で、戦争の片棒を担いでいた、と話す元自衛隊員の言葉は事実である。

それは憲法改正して自衛隊員も家族も認めてあげなければかわいそう、といった情緒に訴える人の裏のある主張に安易に流されるのではなく、軍事法廷や軍事裁判所もない日本において、死者が出た場合、殺戮した場合、誰がどのように何を裁き、補償するのかということも含めて、本来あるべき姿に戻すか、それとも一気に軍隊として突き進んでいくのかを真摯に考える瀬戸際にきていると言える。

実体験者は、日本ならば唯一の被爆国として戦争をしないという賢い選択ができると語る。逆にこの選択をしなければ、米国のように軍需産業を潤すために戦争をしかける国となり、次々と防衛予算が増えて戦場で消費活動を行い、その結果、最も大切な「いのち」を失うと、彼らは警告する。

元兵士や元自衛隊員だからこそ、なぜ平和活動に活路を見出すのかがわかってきた。軍備拡張に依存しない経済活動を目指さなければならないという強い思いがそこにある。

新型コロナウイルスによって意識を大改革し、「人の生命」と直結する自然環境と医療を中心とした新たな社会モデルを構築しなければならないのである。

さて、日航１２３便事件では、災害派遣とは別の顔、日頃の訓練を重ねている戦闘行為の顔が露見した結果であり、最高責任者としての中曽根首相が隠蔽に加担したからこそ、各省庁の官僚たちが従ったのだと思われる。公平で中立でなければならないはずの情報公開・個人情報保護審査会の委員たちが、その本分を忘れて、情報公開をしない詭弁を答申書に書いたのだと考えられる。しかし、政府が犯した犯罪は、何でも隠蔽できるという前例を作ってはならないのである。

日航安全啓発センター——情報操作の役割

三十五年目の夏に521人の死者たちへの誓いとして、令和となった今を生きる私たちは、日本航空の犯した罪とその理由を考えなければならない。

誰もが陥る罠、それは嘘をつき続ければいつの間にか本当らしく思えてくるということだ。特に日航123便墜落事件後に入社した社員が九割を超えるこの会社では、いつのまにか、嘘が真《まこと》となりつつある。

六〇（ろくまる）と社内でいう昭和六十年（一九八五年）入社の社員は、あと数年で定年退職のため、今や〈あの日〉を皮膚感覚で知る人間はほんのわずかである。そのうちどんどん風化していくのは目に見えている。

〈あの日〉をいつまでも忘れないという思いと風化防止を願って、日航安全啓発センターは、二〇〇六年四月二十四日に設立された。

ここのパンフレットによれば、

「この事故で亡くなられた皆様の苦しみやご無念、残されたご遺族の悲しみは計り知れないものがあります。私たちはこの事故の悲惨さ、航空安全に対する社会的信頼の失墜を省みて、二度とこうした事故を起こしてはならないと堅く心に誓いました」とある。

事故の概要として、

「ドンという音と共に飛行の継続に重大な影響を及ぼす異常事態が発生しました。機体後部圧力隔壁が破損して、客室内与圧空気が機体尾部に噴出し、ＡＰＵ（補助動力装置）及び機体後部を脱落させ、垂直尾翼の相当部分を破壊し、それに伴い動翼を動かす油圧装置がすべて不作動となってしまった。（中略）本事故の原因は、同機が事故の七年前（一九七八年）、大阪空港着陸時に起こした尾部接触事故の修理に際し、ボーイング社により行われた後部圧力隔壁の上下接続作業の不具合にあり（中略）捜索、救助活動は事故後ただちに開始されたが、人里離れた山中でもあり、墜落場所の確定も遅れ救難隊の現場到着は翌朝となった」

という内容を、読みにくいほど薄い白色の文字で記している。

さて、今まで得た情報と知識を踏まえてこの文章を読めば、誰でも日航安全啓発センターの本当の役割が見えてくるだろう。

客室内与圧空気が噴出したのではなく、異常外力の着力点が垂直尾翼中部にあった、それによって垂直尾翼が破壊された、と事故調査報告書の『別冊』に書いてあるにもかかわらず、一切触れていない。

次に、修理ミスはボーイング社によるもの、とあるが、当時群馬県警に書類送検されたのは、日本航空側の人間たちもたくさん含まれていた。

さらに上野村が人里離れた山中だとしても、すぐに上野村の村民たちは警察やNHKに電話で通報し、村長は中央政府に連絡していた。しかしながら日航のパンフレットでは「人里離れた地域だから知らなかった、だから墜落場所確定が遅れた」とわざわざ書いているのである。情報操作もはなはだしい。

一体、どこの誰のための安全啓発センターなのだろうか。

さて当時、日本航空の職員で群馬県警によって一九八八年十二月一日に送検された被疑者十二名が墜落時とその後でどうなったのか調べてみた。新聞報道では被疑者は当然のことながら実名で掲載されていたが、ここではイニシャル表示（名・姓の順）としておく。注意深く見ていくと、墜落時（一九八五年）の役職が、その後、前橋地検が書類送検して被疑者となった時点（一九八八年）で、なんと昇進（あるいは少なくとも現状維持）した人が多いのである。

通常、521人もの犠牲者を出した部署の人間はその責任を問われて、降格人事や減給、懲戒解雇であろう。しかし、この事故原因となった整備や領収検査部の人たちの役職が逆に上がっているのである。検査でミスを見逃した課長が数年のうちに部長に昇進することがありえようか。

特に、技術部門での最高責任者で、本来ならば521人を死に至らしめたのであるから懲戒解雇のはずの人がなんと取締役になっており、さらに領収検査の最高責任者は定年退職の年齢を超えてもなお嘱託契約が続いている。これはまるで森友問題で公文書削除の隠蔽を指示した佐川氏が国税庁長官に昇進した時と同じである。しかし、この日本航空はこれらを内々にしたまま、表向きには三十五年間も彼らがボーイング社の修理ミスを見逃したと言い続けていることになる。その代償が昇進、少なくとも降格ではなく現状維持だと言われても仕方があるまい。


この順番は前橋検察審査会に提出された審査申立書の順である。

①　整備本部検査部・技術部　領収検査・修理改造検査受検
（墜落時の役職　→被疑者時の役職）

整備本部・検査部検査課長　↓整備部品質保証部長　K・W
整備本部・技術部機体技術課長　↓整備本部整備事業部長　H・K
整備本部・検査部長　↓整備本部整備企画室業務部付嘱託　H・I
整備本部・技術部長　↓取締役・技術研究所長　Y・M
整備本部・羽田整備工場・検査室長　↓整備本部・品質保証部次長　M・N
整備本部・技術部次長　↓アンカレッジ空港支店長　M・K
整備本部羽田整備工場・点検重整備部

②

整備本部・羽整・点検重整備部第3機体構造課第3係整備主任　↓
　羽整・運航点検整備部第1点検整備課第5係整備主任
　N・N
整備本部・羽整・点検重整備部第3機体構造課第3係長　↓
　羽整・運航点検整備部第1点検整備課第1係長　K・Y
整備本部・羽整・点検重整備部第3機体構造課第1係長　↓
　機装工場第2部品構造課長　Y・M
整備本部・羽整・点検重整備部第3機体構造課長　↓
　機装工場第2部品構造課長　H・U
整備本部・羽整・点検重整備部第3機体重整備課長　↓

羽整・運航点検整備部第5運航点検整備課長　Y・A
整備本部・羽整・点検重整備部点検重整備部長　→羽整・副工場長　S・S

以上の十二名である。圧力隔壁修理ミスという『事故調査報告書』が出てから三年の間で被疑者でありながら昇進（少なくとも現状維持）している彼らは、「大阪の尻もち事故機を認識しながら主要な修理状況の周知徹底と具体的な点検方法の指導監督を怠った。それゆえ五百二十名を死に至らしめた」として、業務上過失致死傷容疑で書類送検されたのであるから、本来ならば昇進はあり得ない。

結局、その後不起訴となり、検察審査会で不起訴不当となったが、当時はまだ審査会の結果に強制力がなかったゆえ、そのまま誰も罪を問われない状態となっている。法改正がされた今ならば、彼らは即刻起訴されて裁判となっただろう。

日本航空は今まで、表向きは今でも彼らの罪を認めていることになる。なぜならばこの日航安全啓発センターにおいて、「墜落原因は後部圧力隔壁の修理ミスによるものである」という言葉を繰り返し唱えているからである。それは社員のみならず一般人にまで吹聴し、さらに事故後入ってくる新入社員にも言い続けているからである。

それを聞くたび、この起訴されたままの罪名を言われ続けてきた社員たちは、自分の仕事への誇りを失ったのではないだろうか。そこに忸怩たる思いがあるとは考えないのだろうか。彼らは会社によって消えることなく永遠に罪をかぶせられているのである。自分の人生を振り返った時、それでいいのだろうか。

一方、私が調査した結果では、彼らは冤罪となる。そうなると冤罪にもかかわらず、ありもしない罪を受け入れ続けるという過酷な環境を生きてきたに違いない。その代償にそれなりの昇進と他に何かがあったとしても、自分の会社から三十五年間も有罪と言い続けられていることには変わりはない。

これが日本航空という会社が、社員を犠牲にしても国土交通省航空局の下で、子飼いのように生きている実態だともいえよう。

航空局の被疑者は次の方々である。

なお、四名のうちひとりは自殺、ひとりは退官だが、航空局のほかの人たちもやはり昇進しているのである。

③　運輸省・航空機検査官　修理改造検査担当者

東京航空局航空機検査官　↓昭和六十二年三月十七日　自殺により死亡　S・T（担当検査官のチーフ的立場）

東京航空局航空機検査官　↓四十三歳で退官　N・F

東京航空局航空機検査官　↓東京航空局航空機検査官検査長　T・F

東京航空局専任航空機検査官　↓電子航法研究所所長　Ｙ・Ｙ

彼らもまた、日航に対する指揮、監督不十分として送検されたが、その後も日本航空安全啓発センターから、修理ミス検査見逃しの罪をかぶせられ続けているのである。一方ボーイング社だが、送検された書類には、氏名不詳とされている。司法手続きとしてもあまりにお粗末である。このように、永遠に茶番劇を続けているのである。もう少し高尚な言い方をすれば、ある意図を持った特定の考えを相手が知らぬ間に押し付けるためのプロパガンダ、いわゆる情報操作である。啓発というよりは、啓蒙と言いたいのだろうが、これらの言葉は正しく教え導く意味であって、この日航のセンターの展示は、その真逆で「偽りを教える場」としての役割を果たし、結果的に隠蔽に加担している。もはや日航がこの事件そのものに、当初から一枚嚙んでいたと思わざるを得ない。

昨年、この啓発センターは改装が始まり長らく閉鎖が続いていたが、私が拙著を通じて知り合った英国人研究者と英国人遺族、さらに英国元事故調査委員（ＩＣＡＯ・国際民間航空機関・航空情報通達部メンバー）がどうしても見たいということで見学を手配をしたことを前著『日航１２３便　墜落の波紋』に詳しく書いた。

改装終了後に、以前の展示の仕方と異なる部分が多数あったことも確認した。それは、以前よりもまして「圧力隔壁説」に近づけるために工夫した展示だったのである。特に驚いたことは次の点である。

センター設立当初では、ボイスレコーダーの説明をする際、そこにあるビデオモニターを流してコックピットの声を声優が行い、ドラマ仕立てにしたものであった。しかしそのことを見学者に指摘されたこともあって、その後、一部マスコミに公開された生データから、機長や副操縦士、航空機関士の生の声とし、その声の背景の音も同じように使用したビデオを作成して公開した。ただ、今度はリアルな分、背景の音からその音声がつなぎあわせたものだということがわかった。それは英国人元事故調査委員も「会話以外の音が故意に編集されているので、ボイスレコーダーの生データとは言えない」と指摘したことである（『日航123便 墜落の波紋』文庫版一〇一頁を参照）。

そこで、もう一度、俳優の声に戻し、今度は不自然なまでに圧力隔壁破壊を強調する内容に変えたのである。

さらに驚いたのは、意図的なやり方で遺族提供の写真（注釈3を参照）が展示されていたことである。

その展示写真の一枚目は、羽田空港離陸の瞬間に撮影したもので、飛行機の窓が斜めで、外には羽田空港から見える湾内の風景が、「85.8.12」という日付とともに写っている。この一枚と、外にうっすらと右側の尾翼や雲が見える風景写真の二枚だけを展示していた。なお、これらは当然のことながらネガフィルムを現像した写真である。

この何の関係もない二枚の写真によって、いかに見学者を騙す手段を講じているのかについて、その絡繰りを説明しよう。

この写真の提供者には、二〇一〇年に最初の著作『天空の星たちへ——日航123便　あの日の記憶』を書いた際にお会いして、十枚ほどの写真を見せていただいた。そのうち私は六枚を提供してもらったのだが、その中の二枚を私の本に掲載した。

その一枚は、窓の外に相模湾がうっすら見えて、こちら側に向かってくるオレンジ色の物体と思える黒点がくっきり写っている写真である。黒点を拡大すればオレンジ色となる物体が写されたものだ。もう一枚は、機内で乗客が座って酸素マスクを口に当て、スチュワーデスも酸素の出具合を見ている状況の写真である。まず基礎的な事実を確認するが、酸素マスクは強い衝撃で自動的に天井から落ちてくるものであり、機内酸素の有無は関係ない。それよりも私がこの写真で注目したのは、乗客が冷静に座っているという点だ。仮に後部圧力隔壁が破壊されているとすると、室内からは大量の空気が吹き出すことになり、機内は服がちぎれ荷物が散乱するほどの暴風が吹くことになる。しかしこの写真が映す機内はそれとは正反対のものであり、後部圧力隔壁が破壊されてはいないことを証明している。

もしも、この重要な二枚を展示するために彼が提供したのであれば、誰も文句は言うまい。遺族で今もなお原因究明にいのちをかけている人たちにとれば、大変うれしいことになる。日航啓発センターもその意向に従い、重要なこの二枚を展示していたのであれば、私はそこに日本航空の心からの反省と謝罪を感じただろう。

しかし、実態は異なった。明らかにこの重要な写真を外して、全く意味のない、無害な写真だけを二枚、展示していたのである。まるで遺族写真はこの二枚しかなく、事故原因とは全く関係ないと言わんばかりである。しかも自ら進んで提供してくれたという、そのように取れる展示に改装していたのである。これは日航の考えた挙句の果てのアピールなのだろう。

こういった日本航空の現状を見るにつけ、本当に必要な反省の機会を与えるにはどうすればよいのかと真剣に考えた。

この会社は恐らく今後、企業としてのあるべき方向を見失い、さらなる罪を重ねていくと実感したからである。この社風は、ご丁寧な言葉でマニュアル通りの応対をしたとしても、そこにコンプライアンスの意識のかけらもない。

そもそも、このコンプライアンスは、

1　倫理観を持ち、社員が個人レベルにまでそれを持つ努力をし続ける
2　企業内のみならず社会の中で実践することで社会の模範となる
3　法令遵守や倫理観を持ってそれを貫く勇気
4　自分を客観視し、他者の倫理観、行動を支援する

といった意識をもとにして、推進されていくものである。それを当てはめてみると、日本航空安全啓発センターの実態は、

1　倫理観を捨て、社員が個人レベルまでそれを捨てる努力をし続ける
2　企業内のみならず、社会をも偽ることで隠蔽活動の模範となる
3　法令遵守や倫理観を破ってそれを貫く勇気
4　自分を偽り、他人も偽り続けるために支援をする

このように、コンプライアンスとは似ても似つかないのが現状だと思われる。

一体、どれだけの人たちがこの事件の隠蔽に加担し続けるのかを考えると恐ろしくなる。関係者がそれに異議を唱えることもなく、なぜこれほどまでに従順に従ったのだろうか。沈黙と引き換えに、失ったものは大きい。

それは何かといえば、日本航空は、安全運航を唱えながら、実は真の安全を検証するどころかそれを提唱する資格すらないと言わざるをえないからだ。

設立当初から、親方日の丸と言われ続け、国に依存することが当たり前だったその経営体質は、負債総額二兆三千二百二十一億円という戦後事業会社一位という過去最大の倒産をもたらした。公的資金九千億円投入や政策投資銀行三千億円規模の債券放棄、八千億円もの繰越欠損金控除など、特例中の特例の恩恵を受けた経営再建は、ライバルの全日空や他の企業から見ればかなり不公平であり批判されたのは当然である。その後、二〇一一年十二月の税制改正（民主党野田政権下）で、日本航空の場合は改正前（二〇一〇年十一月）に会社更生許可決定を受けていたことで、欠損金額控除前所得の一〇〇％とする経過措置に該当し、七年間は繰越欠損金を一〇〇％控除できることとなった。法人税等が七年間も免除されたのだ。ところが、利益を上げ続けている日航への批判が高まったことから、二〇一五年と二〇一六年（自民党政権下）に再び税制改正が行われ、再建中の法人であっても、会社更生許可決定後に、株式上場を果たした企業は特例で除外されることになり、通常の欠損金控除率が適用されることになったのである。つまり、日本航空は二〇一二年九月に東証一部上場を果たしているため、二〇一五年三月期まで一〇〇％控除できるが、二〇一六年三月期以降、控除率が段階的に引き下げられる減免措置となった。そこで年度ごとに法人税がどのよう

図17　日本航空の欠損金控除率（レクス会計事務所の調べによる）

【JAL単体】　（単位：百万円）

	2012年3月期	2013年3月期	2014年3月期	2015年3月期
税引前当期純利益	168,583	147,042	122,491	159,951
法人税、住民税及び事業税	△8,516	△8,335	△5,115	△3,984
（欠損金控除率）	100%	100%	100%	100%
法人税等調整額	△1,536	3,003	△17,267	760
当期純利益	178,637	152,374	144,874	163,175

	2016年3月期	2017年3月期	2018年3月期	2019年3月期
税引前当期純利益	174,895	121,823	126,433	126,180
法人税、住民税及び事業税	11,572	7,592	11,266	15,467
（欠損金控除割率）	65%	60%	55%	50%
法人税等調整額	41	△29,003	△1,261	△28,726
当期純利益	163,281	143,235	116,428	139,439

に推移してきたのか、わかりやすく表にしてみた。この表は、日本航空ホームページでアップされている財務三表（損益計算書、貸借対照表、キャッシュフロー計算書）をもとにして、単体ベースで見る法人税等（法人税、住民税、事業税）と税法上の欠損金控除率を見やすくしたものである（図17）。

確かに二〇一五年三月期までは所得の一〇〇％控除（税額ゼロ）だが、それ以降は段階的に控除率の割合が下がっている。繰越欠損金は二〇一九年三月期で大部分が使い切られ、二〇二〇年三月期の税金減免効果は今までと比較すれば少額となったが、それでも約七十億円程度の減免額（二〇一九年三月期有価証券報告書［税効果会計関係の注記］）と見込まれている。以上のように自民党によってJAL優遇措置の是正が行われたとみられるが、借金をゼロにしてもらい、身軽となった上に多額の繰越欠損金で法人税等を払わなくてよかったからこその再建である。

倒産前の数か月、急激に株価が下落し、まさか日航が倒れるはずがない、という思惑で売りそびれた人も多かった。一〇〇％減資で株式は無価値となり、上場廃止直前に一円となって投げ売りした個人株主も多数いた。あの時にどれだけ多くの株主のお金を失わせたのかということを全く気にかけてもいないと思われる振る舞いが、二〇一七年六月の株主総会で露見したのである。まだ倒産から数年しか経っていない、繰越欠損金も残っている中での役員報酬制度の改正である。社内取締役の報酬（基本報酬と賞与）の合計額上限が四・五億円から、七億円（基本報酬と業績連動型賞与）となり、さらに株式報酬十万株の設定と改正された。

これには破綻で多くの株主に損害を与えたにもかかわらず、お手盛りで多すぎる、と批判の声も上がった。それに対して、秘書室長の清水新一郎常務（当時）は、「業績に責任を持つということである。あくまでも上限値で直ちに役員に支払われるものではない。二〇一五年に制定されたコーポレートガバナンス・コードに基づき、報酬委員会で二年間議論した結果だ」（『東洋経済』二〇一七年六月二十三日付）と語った。この発言で問題なのは、自分たちの役員報酬引き上げと、コーポレートガバナンス・コード（企業統治の指針に基づく行動規範）という、全く別の要素を持つものを同列に並べて勘違いしている点である。コーポレートガバナンスとは、会社が、株主や顧客、従業員、地域社会等とのつながりと立場を踏まえた上で、透明性を持ち、公正かつ迅速に果断な意思決定を行う仕組みを意味し、取締役は株主から経営を負託された者としての責任やステークホルダー（企業経済活動における利害関係者等）への責務があるという指針（株式会社東京証券取引所作成の「コーポレートガバナンス・コード」）のことであって、役員が自分たちの報酬引き上げの正当性を述べることではない。業績がいいからといって、そもそも繰越欠損金がまだ残っているこの時点で、役員報酬の改正を議案に出すべきではないのである。

清水氏の発言が『東洋経済』に掲載された二〇一七年はＪＡＬ統括機長（五十九歳）のアルコール検査替え玉事件が起きた年である。この事件は二年後の二〇一九年、赤坂社長時代になって公表された。英国で副操縦士が逮捕された後での発表だ。過去の事例も含めてパイロットやＣＡ、地上職の飲酒不祥事が次々と表に出てきたのである。事件発生当時の社長だった植木義晴氏はその実態を隠蔽したまま株主に説明責任も果たしていなかった。にもかかわらず役員報酬を議案に出すということは、明らかに透明性を欠き、コーポレートガバナンス・コード違反している。この経営体質だからこそ、安全性を提唱する資格などないのである。

二〇二〇年一月には、その植木会長が、経営手腕を発揮したとしてインタビューに答え、見事なV字回復で黒字になったと胸を張っていらしたが、法人税免除や減免で得た利益も含まれている。さらに飲酒の隠蔽である。これでは本物の経営者とは言えるはずもない。ここにもこの会社の幼稚さと甘えを感じざるを得ない。

日本航空の経営陣はご自身の本当の役割は何かを本気で考えなければならない。まさかこのまま隠蔽体質を温存させる役割ではあるまい。

新型コロナウイルスの感染拡大は多くの企業を苦しめたが、お手盛りで決めた高額の役員報酬のたった一〇％減額を三か月分のみ決定し、この見せかけのような手土産付きで、また政府に取り入ろうとしていた、とすれば恥を知らなければならない。まさか、この日航１２３便事件を都合よく利用され続け、逆に政府を脅しているのではないだろうかとも思えてくる。その甘えきった体質は社会の害悪となりかねず、いつになったら本気で負の遺産と向き合う会社になるのか、その精神が問われ続けている。

終章　521人の声を聴く

二〇二〇年は未知のウイルスが猛威を振るい世界中を攻撃した。

一月二十三日に中国の湖北省武漢市が封鎖された時、また、1・2・3、の数字が並んだ。研究者たちの間では自然への環境破壊がもたらしたと言われている新型コロナウイルス感染症「COVID-19」によって、世界中の動きが急ブレーキを掛けて止まった最初の日である。昨日までの風景は次々と変容し、事態は刻々と悪化しながら、想像を絶する非日常が私たちに襲いかかった。

そのような中、アテネでは無観客で聖炎の採火式が行われたが、ギリシャ国内の聖炎リレーは中止となった。

三月二十日、「TOKYO2020号」と名付けられた聖炎輸送特別機は、強風の最中、宮城県にある航空自衛隊松島基地に着陸した。ANAとJALの両社の客室乗務員がともにタラップに立って聖炎を届けた。その後、到着式を敢行したのだが、ブルーインパルスが大空に描いた五輪マークは吹き荒れる風で乱れ散り、点火の際には聖炎が何度も消えた。私は一九七一年七月三十日にこの松島基地を飛び立った航空自衛隊練習機が、全日空機（ANA）と接触して機体はバラバラとなり、乗客乗員百六十二名の全員が上空から落下して死亡したあの全日空雫石衝突事故を思い出した。

ANAの機長はマイクを握りしめたままの状態で落下してきたという。その手に無線用のマイクを強く握りしめたまま、おそらく緊急事態発生で管制官とやりとりの最中、機体に入った亀裂が、その後、空中で崩壊していったのだろうと推定された。一方、自衛隊員側はパラシュートで脱出し無傷で助かった。その航空自衛隊松島基地での到着式であり、復興五輪のシンボルの地はともかくも、そういう過去もあったことを私たちは知らなければならない。

政府はオリンピックの浮かれた雰囲気を演出し、世界中がパンデミックになりつつあった時期に、隣国で死者数が増大しているにもかかわらず、自分たちの都合を優先させて到着式を行った。周囲の状況を皮膚感覚で把握しにくいこの島国の非常識さは、海外から冷ややかな目で見られた。他国の選手たちは、大勢の人間が一か所に集合し感染リスクが極めて高いオリンピックには参加しないという意思を示し、ネット上で世界中の外国選手の声が広がった。誘致の際にプレゼンテーションをした日本が誇る「お・も・て・な・し」で最も大切なのは裏表のない相手への思いやりだ。しかし延期を発表するまでは、日本はまだ感染数が少ないから大丈夫だから来てくれ、という手前勝手のおもてなしと化していったのだ。七割以上の国民がオリンピック開催は無理だと言い始めてもなお開催すると言い張った人たちは、ほどなく、非常事態宣言を出した東京の、そして全国の状況を、どのような気持ちで眺めていたのだろうか。

結局、三月二十四日に延期が決まってカウントダウンが停止し、その日を入れて123日後の七月二十四日に開催する予定だった東京オリンピックは、代々木に聖なる火を迎えることとなく、延期という結果となった。123日目という、1・2・3という数字は、いまも静かに語りかけている。

世界中が注目するオリンピックのセーリング会場となるはずだった相模湾には、この藍色に覆われた静かな海の水深百六十メートルには、日航機の残骸が今もなお放置され続けている。海底に遺物を沈めたまま、この上で、騒々しくオリンピックなどするな、という声が聴こえてくる。これは、聖火を迎える心構えなどできるわけがないということだろう。

案の定、中止決定の翌日から、東京都の新型コロナウイルス感染者数が急激に増加していった。おもてなしの裏の顔が次々と暴露されていく。

それはまるで、オリンピックマネーにすがって無理やり開催を強行したい金銭に浮かれた人たちへの警告のようであり、いまだ相模湾に墜落機の重要証拠を、ゴミ同様に放置している人たちへの暗黙の非難のようだ。

戦争が起きたわけでもないのに、あっという間に国境は封鎖されて人の往来ができなくなり、飛べない飛行機が空港に溢れた。それも、世界中の空港で――。

果たして、こんな日が来ることを誰が想像しただろうか。

想像を超えたその先にあるのは、想定外の日々だ。

従来通りの考えは一切及ばない。

刻々と変容する社会の中、こういう時代だからこそ、自然を破壊して推し進めてきた道ではなく、本来あるべき方向へ、あるべき姿へと新たな道を模索しながら舵を切って歩き始めなければ、命すらなくなる。放射能汚染同様、目に見えないウイルスは神出鬼没だった。もっと言えば、安全区域は存在しなかった。お金、地位、権力に媚びないウイルスは、人の間を行き来しながら忖度《そんたく》することなく、平等に病をもたらす。そして私たちは気づく。

最も大切なのは、いのちなのだと。

しかしながらいつの時代もいのちよりも、経済を優先したくなり、政権に媚びてしまう方が楽だと思う人もいる。

正直に話せば、この日航１２３便事件も全く同じであり、いのちよりも、結果的に、軍事経済を優先させたとしか思えない。さらに、いくら新事実がわかっても世間では報道もされず、遺族会を名乗る８・12連絡会は口をつぐんだままで変だという声も多く寄せられたが、それについては長い歳月が、日航１２３便に関わった人々の人間関係を変化させたとしか言いようがない。年月は、風化のみならず本来の自分の役割を見失わせることもある。

もちろん、遺族の中には政治家たちや、すべての政党に真相究明を訴え続けてきた人もいるが、いずれの政党からも返答すらこないという。議員の中には「与党ではできない」と答えた人もいるというが、与党ができなければ誰がするのだろうか。

つまるところ、事実を知りつつも、誰かの影を恐れて言い出せない人もいるし、全くの善意で情報を提供して知らぬ間に口止めの金銭を受け取ってしまった人もいる。遺族といえども就職や情報と引き換えに個人的に恩恵を受け取ってしまった人や、別の人生を歩み、再婚した人もいる。さらに、本人が自覚しているかどうかは別として、PTSDも人間関係に深刻な影を落とし、その人自身に不安定な感情、思考と言動をもたらす。

亡くなった人はどうせ生き返らない、相手が政府なら何をしても無駄だ。自分たちの今の生活が大事だ……。

このように当時の関係者や遺族側にも複雑な事情があり、私は、取材や調査の過程でこういった個別の事情を垣間見ることになったのだが、これが現実というものだった。

しかし、これでは戦争同様、死者たちは永遠に報われない。このまま521人（胎児も含む）のいのちが失われた〈あの日〉を曖昧なままで放置してよいはずがない。検死医師が提供してくれた壮絶な遺体状況の記録を目の当たりにした時、私はそう思った。

日本で起きた事件である以上、私たち自身が事実を明らかにしなければならないのだ。

そこで、内閣府公文書管理委員会元委員で、情報公開法制度に携わった三宅弘弁護士をはじめとする方々とともに、墜落原因の調査を重ねてきた。

二〇二〇年一月八日に起きたイラン軍誤射事件を見ればわかるように、誰もが利用する公共交通機関として民間航空機墜落の危険性を考えると、日航123便事件を解明することは、人としてなすべきことをなすことにもつながる。

本来ならば、最も信頼されるべき仕事をしなければならない日本の運輸安全委員会は、その後日航123便墜落の再調査をする気配すらなく、政府から独立した組織の利点と立場を放棄し続けている。いくら情報開示請求を行っても、恣意的判断で門を閉ざす。

頼りになるはずの報道関係の間では「触らぬ神に祟りなし」なのか、上層部の個人的事情があるのかはわからないが、日航123便に関する新事実についての報道は、ことごとく避けられてきた。

二〇一九年七月に行ったシンポジウム「情報公開と知る権利——今こそ日航123便の公文書を問う」では、会場一杯に一般市民や大学関係者、学生、メディア、読者の方々が大きな関心を持って来てくださった。その休憩時間で私は、初めてお会いしたA新聞社の論説委員に、「貴女は本当の事実がわかった時、それを書くつもりか」と聞かれた。

私は逆にその真意をはかりかねたのだが、当然そのつもりだと答えた。あれは、自分たちは知っているのだ、ということを匂わせたようにも見受けられた。それとも、スポンサーや組織の論理が優先するのだから、知っても書かないことがジャーナリズムの一つだと言いたかったのだろうか。そうであっても、あの時彼は、登壇したご遺族の吉備素子さんが言った「墜落原因が明らかになるまで死ねない」という言葉をどのように受け止めたのだろうか。

報道関係者が、知っていて知らぬふりを続けているとしたら、それはあまりに長すぎる。

もしかすると、いまだに「米国と戦争になる」という当時の群馬県警本部長と同じ発想なのだろうか。それは戦後を引きずった昭和、せいぜい平成までの古いしがらみに囚われた発想だ。令和となった今では、米国公文書も三十年経てば開示されるのが基本であるし、世界的基準に照らしてみても、永遠に機密指定することは民主主義の根幹を揺るがすことであって決して許されることではない。

相手国が開示して、自分たちが開示しないとすればその理由はただ一つ、自国の失態である。以前、中国が列車の脱線事故を起こして、慌ててショベルカーで脱線列車を土で埋めている作業風景が世界中に放映されたが、自国民には放映されずに事故そのものがなかったことになった（二〇一一年温州市鉄道衝突脱線事故）。あれは、隠蔽が可視化されて実にわかりやすかった。

実は御巣鷹の尾根の墜落現場も東京電力神流川《かんながわ》発電所を着工した際、山を閉鎖して、土壌改良と称して機体残骸に土をかぶせている。長野県南相木村と群馬県上野村にまたがるこの揚水発電所建設によって、現場への登山道の整備やトンネルもできて、両村に多額の固定資産税をもたらした（上野村への固定資産税は一般財源額を大幅に上回る二十六億四千二百万円になると『上毛新聞』［二〇〇六年四月四日付］が報じた）。しかし、今でも時折、大雨になると尾根の土が緩んで翼の一部が出てくるのだ（『日航123便　墜落の新事実』文庫版一六七頁、新聞記事参照)。発電所はほとんど使用されておらず、まるで機体残骸を覆い隠すために建設されたようだ。

つまり、国側が必死に隠す姿や使われたお金が事件の真相を物語る。ここに報道も絡んでいたならば、政府とともに永久的に隠し通そうとするのだろう。

先の戦争のように、政府側と結託して戦意高揚の報道で民衆を煽り、偽りの新聞報道をして大罪を犯し、戦争という過ちに突き進んでいった時代をあざ笑うことなどできない。大本営発表のごとく、いまだに日本の報道はこのような状況といえるが、また同じ道を歩んでいることに彼らは気付いているだろうか。

この未解決事件には、思想や背景など個人的イデオロギーは全く関係なく、右でも左でもないし、宗教の垣根もない。必要なのは、無事に大阪伊丹空港に到着できなかった乗客乗員521人の無念を感じ取れるか否かだ。

それでもなお、隠蔽に加担して道理に外れ、人としての役割を放棄した人たちによって二重の「犠牲者」となった死者たちは、いったいどこに救いを求めればよいのか。司法が政治的圧力に屈せずに真っ当に機能して、真実を吐き出させ、犯したことに対して心からの謝罪があった時、ようやく魂は安らかになる。その願いだけは、叶えさせてあげたい。

時が忘れさせてくれるのではなく、時が明らかにさせてくれるしかないのである。

そのためにあるのが公文書だ。

今回の発見は、異常外力着力点の位置とそこから始まった垂直尾翼の破壊が墜落原因である未解決事件だった、ということである。外務省も日航機墜落事件と記していた。

しかしながら見ての通り、調査の過程で明らかになってきたのは、現政権で最も軽んじられているのが公文書であるということだ。森友問題でもそうだが、人が亡くなろうとも、重要証拠があろうとなかろうと、平気で嘘をつき通す人たちが政権の周りを固める。公文書を削除し、事実を隠蔽で追い払い、損得勘定でお互いを褒め合う同床異夢の人間が群れる。

これらは死んで訴えた人への冒瀆であり、誠実な人々への裏切りだ。安倍政権は自ら「国の未来」を放棄して破壊しているのである。

公文書の適切な保存と情報開示は、為政者に国民の目を意識させて政治を行う上でもっとも重要だと、私たちは言い続けなければならないのである。

それは、政府や官僚の好き勝手な税金の使い方を制し、過ちを繰り返させないための歯止めともなる。表と裏があるならば、それも含めて正しい歴史を記録する上で最も大切にしなければならないものである。

このような中、第百九十八回国会第十七回衆議院国土交通委員会[19]において、ようやく日航123便の相模湾からの残骸引き上げについて、国会議員が質疑を行った。

私はそこに微かな希望を持ちつつ、わずかに開かれた公文書の情報開示という「正門」から、そこに書かれた真実の細い糸を手繰り寄せてきた。「裏口」ではなく、あくまでも「正門」にこだわる理由は、ほとんどの国民は「正門」からの情報しか信じないからである。

同族意識が強く、誰もが心に潜む自分の弱さと不安を知りつつ、どうしてもそれを克服できない。その結果、必要以上に恐れてしまう。

情報を開示する側の人間も、異常に恐れる。それが仕方がないとしても。

さらに、この「恐れ」の心を利用する側にとったら、こんな好都合なことはない。恐れさせるようにあらゆる情報を操作し、都合の悪いことは隠し通すことで自分たちの失敗は完全に葬り去ることができる。これが政権にとって最も効果的な手法であり、多くの政策の基底をなしている。

私たちはもっと注意深く物事を冷静に見つつ、その裏に何があるのかも考えなければならないのである。

33年前の8月12日に日航機墜落事故
で亡くなられた　佐々木祐様
2018/08/12

もっと早く、日航機墜落事件と異常外力着力点の公文書にたどり着くことができたならば、遺族たちも活発に世論に訴えられたたし、この情報開示がもっと早ければと思うと悔やまれるが、私のまわりで起きた出来事を考えると、今このタイミングしかなかったように思われる。

その奇跡的な出会いについて、どうしても記しておかなければならない。

佐々木副操縦士の写真（上部）が送られてきたのは、昨年のシンポジウムの後だった。

シンポジウムは大成功であったが、そのあと、不透明な行き違いから誤解が生じ、信頼関係への不信で体調を崩していた時であった。信頼していた教授が、シンポジウムを聴きにきた昔の友人からの偽情報を真に受けてしまい、疎遠となっていった。ＪＡＬが依頼したであろう某テレビ局関係者の仕業であることが、後からわかった。

これ以上、この困難な調査を続ける必要があるのだろうか、かといって投げ出すわけにもいかないが、自分にできることには限界がある、そう思っていた時、キリスト教カトリック信者のＫ・Ｓさんという女性からの手紙が届いた。河出書房新社から定期的に届く読者からの手紙の中に、それが入っていた。

「青山さんのすべての行動やお仕事に心から敬意を表します」と書かれた丁寧な文章とともに、中に入っていたこの写真を見て、驚いて椅子から転げ落ちそうになった。日航１２３便で殉職した佐々木祐副操縦士の顔が目に飛び込んできたからである。日付は二〇一八年八月十二日、十字架のキリスト像とお花が供えられており、「三十三年前の八月十二日に日航機墜落事故で亡くなられた佐々木祐様」とある。その写真と一緒に、天使に囲まれて編み物をしているように見える微笑むマリア様が描かれた、手のひらほどのカードが入っていた。

その絵の裏には、「フランシスコ教皇が大好きな結び目をほどくマリア様のご絵１２３便事故にまつわりついている結び目がとかれますように！」と書かれていた。早速お手紙を拝見すると、今度はまたもや信じられないような、不思議なめぐり合わせがこの世にあるのだと、強い衝撃を受けた。

熊本にお住まいの読者のSさんは、二十年前から毎週行われている祈りの集いで、いつも顔を合わせている八十三歳のK・Iさんの弟さんが、日航123便の副操縦士であったことは全く知らなかった。プライベートなことは話をしなかったこともあるが、Iさん自身が長年、弟さんの死を受け入れることが難しく、事故に関するニュースは一切拒否されていたそうだ。偶然にもそれを知ったSさんは、私の本を数冊プレゼントして、森永卓郎さんの日航123便に関する話をネット動画でお見せしたそうである。そして「Iさんはようやく弟さんの死を受け入れることができて心を開かれました」と書かれている。そこで私の本を皆さんが読んでくださった影響もあって、所属する教会の神父様のお計らいで、二〇一八年八月十二日（日）に、佐々木祐さんと亡くなった521人の方々のために特別ミサが捧げられたとのことだった。それから一年間、いつかお手紙でお知らせしたいと思っていたそうで、ちょうど一年後にその様子を写した写真を送ってくださったのである。

これだけでもかなり偶然の出会いだが、話はここで終わらない。

このSさんの故郷は岩手県で、ご自身が里帰りした際、前から行きたかった秋田県の修道院を訪ねたのが一九八五年八月十五日で、その日のミサは、三日前に日航機墜落で亡くなった方々のためのミサだったそうである。大変な事故が起きたと強く印象を受けたという。

さらに話は続く。このSさんが岩手県での子供時代に親しくしていた友人がいて、そのお父さんが、雫石町立雫石診療所・御明神出張診療所でお医者さんをしていたとのことだった。もうおわかりだろうが、あの雫石である。全日空雫石衝突事故発生時、なんとこの友人のお父さんが、空から降ってきた凄惨な遺体の検死活動をされた医師だったというのである。

そしてその友人はSさんの話を聞いて、昨年の佐々木祐副操縦士の特別ミサのお金を献金してくださったということだった。彼女の献金のおかげで特別ミサができたそうである。

ここまでの偶然の重なりがどこにあろうか。私の体に稲妻のような電流が流れた。心の震えが止まらない。

結婚してたまたま熊本にいた私の読者のSさんが、教会で信仰を通じてIさんと知り合い、その人は偶然にも佐々木祐副操縦士のお姉さんであったなんて、誰が想像できるだろうか。長い間、弟さんの死に心を閉ざしていた方が、私の本を読んでくださったことをきっかけとしてその死に向き合い、神父様のお計らいで八月十二日にミサを捧げることになった。その際、雫石事故の検死作業を行った医師を父に持つ友人が献金をしてくれて、無事に特別ミサを行うことができたなんて、まるで物語である。

さて、ここからさらに次のステージに移っていく。

ちょうどこのお手紙が届いた週に、三宅弁護士の事務所に行く予定が入っていたので、私はこの手紙を持参した。先生は以前から、ボイスレコーダーの生データ開示のためにはその声の持ち主、つまり機長、副操縦士、航空機関士のいずれかの遺族の請求ならば個人情報開示請求としてやりやすい、とおっしゃっていた。そこでぜひともK・Iさんに佐々木副操縦士の姉として請求者に加わっていただければどうだろうか、という話をしたのである。

まだお会いしたこともないIさんをどのように説得すればよいのだろうか。そう思っていた時、大國勉歯科医師からの電話が鳴った。

大國先生は、日航123便の時、警察医として、不眠不休で必死に検死を行い、佐々木副操縦士のご遺体も含めて、一刻も早くご遺族に引き渡すべく身元確認された責任者だった。またカトリック信者として、あまりにも凄惨なご遺体状況と過酷な現場ゆえ、白衣の裏側にペンで主の祈りを書かれて検死作業をされた。

「そうだ！　同じカトリック信者として心が通じるのではないか」と思い、私は早速この話をした。そして、大國先生が所属する教会の神父様にもお伝えしてほしいと、佐々木祐副操縦士の写真とマリア様の「ご絵」を一枚にコピーして送った。すると、大國先生は神父様とともに佐々木さんの写真を手にして、メッセージを送ってくれたのである。「真実が明らかになるその日まで、共に頑張ろう」と佐々木副操縦士の姉のIさんを励ましてくださった。その神父様と大國先生の写真を私はIさんにお渡しした。

そしてついに、Iさんは「ぜひとも協力したい」と申し出てくださったのである。

これらは、まるで神様によってそれぞれの魂が導かれたような出会いであると感じた。

なぜならば、日航１２３便の５２１人の犠牲者と、雫石で自衛隊の演習機が接触して無念な死を遂げた百六十二人、合計六百八十三人もの遺体を検死された医師同士の偶然の出会いとなったからである。すでに雫石事故の検死医師はお亡くなりになっていたが、その娘さんが佐々木さんのためのミサに寄付をしてくださった。日航１２３便の検死医師と雫石事故の検死医師が、佐々木祐副操縦士を通じてつながった瞬間だからだ。

このように、通常ではあり得ないほどの不思議なつながりによって、私自身も大きなミッションを得たような気がした。

弟さんとの想い出は、「クラシックが好きな私のために、カラヤンによるベートーヴェンのコンサートのチケットを取ってくれて、東京で聞いたのが懐かしい思い出です。弟はイタリアに一年ほど仕事でいた時も、奥さん（義理の妹）のお母さんとうちの母親を呼んで案内したり、周りの人を思いやる優しい弟でした」とのことだった。

今となっては、毎日、五百二十名の御霊魂の永遠の安息をお祈りするばかりです、とお手紙を頂戴した。佐々木祐副操縦士は、熊本大学工学部を出て日航の自社養成パイロットとなった。あと一回の乗務で機長昇進のはずだったと聞かされていたそうだ。その一回が、日航123便だった。さぞかし無念であったろうと姉のIさんはずっと心を痛めてきた。

「弟の最後の声を聞きたい」という請求によって、真実が明らかになるお手伝いができればという思いで請求人を引き受けてくださった。そして、その後ろでは、熊本と群馬、そして岩手のキリスト教教会の皆さんが支えてくれているのである。

その後については新型コロナウイルスの影響もあって、裁判所関係も遅れが生じている。現時点で日本航空は弁護士を通じて、このキリスト教関係者の皆さんの想いを土足で踏みにじるようなことを言ってきた。

最後に、この単独機として世界最大の事件の墜落原因を解明することとは、企業も人も自分たちの弱点を深く考えることにつながり、それはいつか必ず強みとなる。

日本というこの地で起きた事件に対して、私たち一人ひとりが不断の努力を尽くし、真相の究明を放棄してはならないのである。

追記

　夕暮れ時の時間帯を狙い、事故歴のある飛行機をターゲットとして、万が一の場合を想定して保険をかけながら自衛隊が訓練を重ねていたとするならば、そこには未必の故意が存在する。

さらに、そのパイロットが元自衛官でしかも海上自衛隊出身であるとすれば、より一層疑惑が深まって当然である。一九八五年当時、日本の航空会社はどの社も新卒で入社した自社養成パイロットが少なく、ほとんどは自衛隊出身者か航空大学校出身者であった。他の航空会社から来た人もいた。現在の常識では考えられないが、当時の民間航空会社間には明確な序列があったものの、会社規模が拡大していくなか、パイロットの人員不足は深刻な問題になっていたからだ。あの満洲航空[*20]出身者も、まだ数名が地上の整備や機体スケジュール関連の統制部にいた。

雫石事故以来、仮想敵機は国内を飛ぶ全日空ではなく、半官半民で、いざとなった場合、何かともみ消しやすい日本航空に絞られた。なぜならば、日本航空の職員には中曽根康弘の一番の側近と言われた「リクルート饅頭」[*21]で有名になった藤波孝生内閣官房長官の息子をはじめ、自民党議員の親族が結構いたからである。同僚たちとの会話では、国会中継に映るのがお父さん、という話題も多かった。

さて、元満洲航空や元自衛官のつながり、あるいは何かしら組織のようなものが日航社内に存在していたと仮定して、その横のつながりはお互いの情報交換の場となって、様々な訓練の情報を内々で共有していたとしよう。自衛隊員が退官した後も予備自衛官として任官された場合、定期的に古巣に戻り、訓練を受ける。予備自衛官のパイロットも、自衛隊の訓練の現状を知り得ることは民間航空機を操縦する場合でも有益だ。

全日空雫石事故の後、多くの機長たちが常に自衛隊機によって仮想敵のようにされている、と新聞で大々的に告発した。これからは、絶対にそう言われないようにしなければならない。訓練で必要な場合は仲間内だけで行う、つまり自衛隊出身者がパイロットという場合に絞ろう。それを雫石事故から学んだ。このことは、社長等、取締役や一般の地上職には絶対に内密にしなければならない。もちろんそれなりの報酬は与える。

武器開発や訓練には仮想敵機や仮想敵艦、仮想敵軍の存在はどうしても欠かすことができない。誰かがその実験に協力しなければならない。とすれば、元自衛官で海上自衛隊出身、さらに身内の誰とも疎遠になっているパイロットは貴重な存在だ。うっかりとした情報漏れは少ないだろう。妻の母方の生家が、群馬県上野村近くの多野郡万場町（現在は多野郡神流町）だという高浜機長だが、ぶどう峠付近の道をドライブし、この山々を気に入っていた。川上村の滑走路にもなるほど広大なレタス畑もよく知っている。

ちなみに、私の同期にもパイロットと結婚した人がいるが、機長夫人は、羽田沖事故以降、夫の精神状態や日々の様子を注意深く見るようにと社内通達などで強く言われていた。羽田沖事故の際は、事故を起こした片桐機長夫人が十分気付いて医師にも相談していたにもかかわらず、肝心のところには言わずに、会社側も乗務停止の措置がとれなかったゆえ、死者を出すほどの大事故につながったのであった。あれが一九八二年とすれば、それから三年後である。より一層注意して医師等に報告することは、機長夫人としての責任であった。それは健康状態のみならず、一般的におかしい、と思うことも含まれるはずだろうと推定されるが、知らないこともあったかもしれないし、後から知ったこともあるかもしれない。

ここからは仮説である。

最終的に仮想敵機を想定した訓練の日時が決まるのが、シップ繰り（機体繰り）のスケジュールと機長のスケジュールが合致する一か月前となる。機体はＪＡ８１１９号機、大阪で七年前に尻もち事故を起こした事故歴がある機体に限らなければならない。

日航123便で薄暮の夕方十八時発の時間、しかもこの事故歴のあるジャンボジェット機、一九八五年八月十二日（お盆前）、自衛隊出身の機長、これが最適である。万が一の際には、即、事故歴を発表することにする。

炸薬の入っていないミサイルだから、もし当たったとしても大丈夫だろう。あの頑強なジャンボジェット機を敵機に見立てて、ミサイルを発射する手順やシステムの最終的な確認をするだけだ。次週から日米合同訓練があるため、それに備えておく必要がある。準備万端だ。あとはいつも通り、事前連絡を入れておく。作戦失敗の場合でも地上での隠蔽工作は何度も訓練をしているから即、行動できる。首相も自衛隊の味方であり、防衛費増強と日本製武器開発を経済の目玉にしたいという欲望がある。

なお余談だが、米軍が事件に関与しているとしたら、横田基地に降りてよい、などとは言わない。夕方六時四十五分の墜落前の時刻には、すでに横田基地へ緊急着陸をするようにと、日航123便に伝えていた。その上、横田基地に災害即応部隊を結成して、日航機の着陸を待っていたのである。夜九時頃には、座間基地から救難用ヘリを墜落現場まで出しており、そこには医師も同乗していた。米軍の場合、このようにそれぞれが救助態勢を整えており、万が一、米軍が関与したとすれば、炸薬なしのミサイルを当ててすぐばれるようなことはせずにもっと確実に緻密に行うだろうとも関係者に聞いた。いずれにしても、事件に関与しておきながら救助するというちぐはぐな動きをするとは考えにくい。横田基地はとにかく着陸してもらえるように準備を進めていたからである。

逆に、墜落場所を知りつつ救助もせずに、場所を知らないと報道し続けたほうの責任は重大だ。暗闇の中で朝まで燃え上がる炎を報道各社は自社ヘリで何度も撮影している。その下で燃やされ続けている遺体があったことを知っていたのだろうか。上野村に続く道をいち早く閉鎖した自衛隊や警察、機動隊の動きもおかしかった。なぜならば、誤射を発端として墜落したことを国民に知られたくなかった自衛隊幹部たちの策略に引っかかり、この真相をどうしても隠したかった首相の命令に従ったからだ。しかし、中曽根康弘首相は、官邸は関わらずに自衛隊と米軍が勝手にやった、と語ったまま亡くなった。事情がどうであろうとも、521人を死なせたことに変わりはない。以上が、信憑性のある仮説である。

結局のところ、自国民を標的にして自国民を誤って撃ち、その乗客乗員と機体残骸がある墜落現場を焼いた。戦時中でも戦地でもない上野村の山中で、人道的見地よりも命令が優先され、救助を放棄して証拠隠滅を図った。その再調査を拒む理由は、遺族への計らいでもなければ、恐れでもなく、隠蔽への加担である。さらに、良心の呵責を持ちながら、どうしても罪悪感に苛まれる人による歪んだ自己正当化である。言っておくが、私は自衛隊のせいにしたいのではない。米軍であろうと自衛隊であろうと、軍が関与した客観的事実がそれを物語っているということだ。いずれにせよ生のボイスレコーダーが公開されればすべてが解決するであろう。

すでに、公文書には事件と記されており、事故ではなかった。垂直尾翼も、内圧ではなく異常な外力が着力して破壊された。さらに今後、詳細な事実が明らかにされていくだろう。だからこそ、私たちは未来のためにも公文書を価値あるものとして重んじ、守っていかなければならないのである。

謝辞

振り返れば二〇一〇年、墜落後二十五年目として、私は客室乗務員の先輩方へのレクイエムの本を書く予定だった。その際、新聞報道を含むすべての一次資料を読み込みながら、この日航123便墜落原因は、明らかにおかしいと気付いたのである。『天空の星たちへ』(二〇一〇年、マガジンランド。その後、二〇一八年に『日航123便墜落 疑惑のはじまり――天空の星たちへ』と改題し河出書房新社より再刊行)は、学生たちと一緒に考えながら一般人が普通に疑問を持つ事実を書いたものである。私が日航関連の教育機関で学科長をしていた時、まだ御存命だった航空評論家の関川栄一郎氏にお会いしたこともきっかけになった。日本新聞学会会長を務めた元慶應義塾大学名誉教授の生田正輝氏にも読んでいただき、励ましていただいた。この本では、群馬県警察医で当時の遺体検死医師だった大國勉氏への取材から、ジェット燃料では遺体が炭化するほどにならないと指摘したのだが、それは今までにない新たな発見であった。

突然、前の出版社に「この本の著者にお会いしたい」と、当時運輸大臣だった山下徳夫氏から電話があった。実際に編集者とお会いした際、「オレンジ色の物体」の写った写真や、私が疑問に思うことを話したところ、「日本は何でもアメリカの言いなりだからね」と語られた。その率直な話しぶりから、〝表向きは米軍としておけば日本では何事もスムーズに運ぶ、しかし実は自衛隊だったのだ〟というように、当時の大臣たちは、よくわからないままで、知ったとしても後からではないだろうかと思われた。

山下元運輸大臣からは、「大変よく書いている。教科書にしたいほどだ」というお電話を頂戴した。ただ、小さな出版社だったこともあってあまり一般には知られなかったので、あらゆる方面で活躍されている有識者、大学教授らに謹呈して、心ある方々の支持を得るきっかけとなった。私が東京大学の博士課程で研究をしていた時も、教授たちにゼミで取り上げていただいた。特に立花隆氏は、その場で知り合いの作家やマスコミ関係者に連絡をしてくださり、ゼミ生と一緒に大江健三郎氏のご自宅にも伺ったことがある。他にも調査報道を専門とする新聞記者に引き合わせてくださった教授もいた。ただ新聞記者は、関心を持って聞いてくれても、持ち帰って上司らと検討する段階で、立ち消えとなるようだった。「わかっているが、書けない」という苦悩のメールもあった。

ご遺族の吉備素子さんも大阪からわざわざ私に会いに来てくださり、ご自身の疑問がようやく解消したと喜んでいらした。そして、あの遺体安置所で体験したことを話してくださった。

なお、群馬県警察医の大國勉氏とともに吉備さんは、首相公邸にて再調査への願いを話す機会も得たのだが、それでもなお、世間では遺族に対してすら謂《いわ》れのない批判をする人がいたり、茶化して事実と向きあおうとしない人たちがいることを知った。そこで調査を継続することを吉備さんに約束して、今度はテーマごとに書くことを決心したのである。

二〇一七年、「目撃者」をテーマとした本『日航123便 墜落の新事実――目撃証言から真相に迫る』を河出書房新社から出した。「貴重な目撃証言をこのまま埋もれさせてはならない」という思いが、数々の困難で消えそうになった時、細い糸を手繰りよせるように偶然にもこの出版社と出会えたのである。今思えば、この本が世の中に出たのは奇跡的なことだった。

本屋大賞ノンフィクション部門の最終選考に残り、全国学校図書館協議会選定図書となって多くの読者の支持を得ることができた。二〇二一年六月には文庫本となり、森永卓郎氏にも解説文を寄稿していただいた。ここで明らかになったのは、墜落現場の上野村の小学校、中学校の生徒たち二百三十五名が書いた文集による目撃証言と大人たちの目撃証言と、出版社に連絡をくださった小林美保子さんによる赤い物体と自衛隊戦闘機のファントム2機を目撃したという貴重な情報だった。

続いて二〇一八年、『日航123便墜落 遺物は真相を語る』という、日航123便の機体残骸を科学的に調査した本を出した。これは検死医師たちの論文を読んでいるうちに、あまりにも凄惨な遺体に疑問を持ち、黒焦げの炭化状態が異常すぎると気付いたからである。医師は「遺体が二度焼かれた痕跡」を検死報告書に書いており、さらに疑惑が深まった。当時の墜落現場にあった機体残骸に付着した成分を大学の研究機関で分析し、その証拠物から火炎放射器使用の可能性を示唆した。

ここで客観的証拠が出たことで大学関係者の支持を得て、二〇二〇年のシンポジウムに繋がったという流れである。

その後二〇一九年に出版した『日航123便　墜落の波紋――そして法廷へ』は、今後進める法的手段を明記した。

英国のカーディフ大学教授と知り合い、英国の学生に講義をしたが、海外でもこの日航123便墜落事件を伝える必要性を感じた。なぜならば、海外旅行中などの外国人の乗客も二十二名が搭乗していたからである。その後、日航もボーイング社も不起訴となり、誰も墜落原因の責任を取っていないことを外国人遺族たちは知らなかった。これではあまりにも理不尽である。私たちは日本人としてなすべきことを果たしていないと痛感した。

さらに、国際航空安全調査員協会の航空作業部会議長を務め、ＩＣＡＯ（国際民間航空機関）のメンバーである事故調査委員にもお会いし、世界的な潮流としての航空機事故調査についてお話を伺った。その方には日航安全啓発センターも見学していただいた。

航空機事故調査における最大の妨害は、「政治的干渉」であるということに関する豊富な経験談は、私の調査に自信を深めることとなった。

これまでの出会いと皆さまに心から感謝申し上げたい。

さて、今回もいろいろな方々に支えていただいた。

特に熊本在住のK・Sさんとの出会いはマリア様が導いたといっても過言ではないほど、奇跡的であった。初めてお会いした日は、十一月二日、キリスト教カトリック教会では世界中の死者たちの魂のために祈る「死者の日」である。この日、全国の信者が集まるミサで聖歌隊を務めるというK・Sさんと、東京の目白にある東京カテドラル聖マリア大聖堂でお会いした。待ち合わせの場所は、ルルドの泉の洞窟を再現した聖母マリア像の前である。

彼女を軸として、雫石事故の検死医師と日航123便の検死医師がつながった。私が初めて会えたのは、偶然にも死者のための日であり、そして佐々木祐副操縦士のお姉さんであるK・Iさんともご縁ができたのである。

目白でお会いしてから三週間後の十一月二十三日に来日したローマ教皇フランシス

コの長崎訪問で、K・Sさんは車椅子の方を介助しながら最前列でミサに参列した。そして今年の始め、まだ新型コロナウイルスの発表がなかった時、イスラエルの地に降り立ち、521人のため、雫石事故で亡くなった百六十二人のために祈りを捧げてきてくれたのである。その時の特別な祈りの捧げられた芳醇な香りのするロザリオを頂いた。その香りは「ナルドの香油」（ヨハネによる福音書12章1・8参照）といい、ガラリヤのカナで神父様にお祈りしていただいたものだという。今、この原稿と愛用のペン、そして佐々木祐さんのお姉さんから頂いた「コックピットに座る佐々木祐副操縦士の写真」に、そのロザリオを掲げている。K・Sさんとの出会いに心から感謝したい。

ゆるぎない信念をお持ちでインテリジェンスに溢れ、多方面に交友関係をお持ちの三宅弘弁護士には感謝しきれないほどである。いつも事務所の一室で、私が持参した資料を開いて待っていると、お忙しい仕事の合間を縫ってドアからお顔を出して「お待たせしました」と言って諸々考えていただき、また去っていかれる、そしてまた訪ねる、という繰り返しの一年間だった。三宅弁護士が所属されている原後綜合法律事務所の事務員の皆様にも温かく見守っていただき、心から感謝申し上げる。

まだまだ情報公開請求が続いている途中であるが、必ず法が私たちの味方をしてくれる「当たり前」の日が来ることを願っている。

昨年、私が英国のカーディフ大学で講義をする機会を与えてくれたクリストファー・P・フッド教授が、この新刊本のために、英語圏内の人たちへのインフォメーションも兼ねて、寄稿してくれた（本書二六四〜二七七頁）。彼は昨年のシンポジウムでビデオ参加し、懇親会に出席してくれた。彼は日本学が専門であり、博士論文を書く際に中曽根康弘氏に何度もインタビューをしており、その時の経験とその後知った日航123便の墜落の真実について、中曽根氏の人物像にあまりにもギャップを感じて、相当複雑な気持ちだったのだろう。そのことも含めてBBC（英国国営放送）の取材にも応じている。今後、ますますこの問題を英語圏の人たちに知らせていきたい、そして世界規模で平和を目指すきっかけとしたいと研究者として願っている。

昨年、「瀬戸内国際芸術祭」にて視察する機会を与えていただいた美術評論家で多摩美術大学教授の椹木野衣氏に感謝申し上げる。ハンセン病患者が隔離政策で居住した大島で展示されていた大きな岩をくりぬいたように見えたコンクリートのかたまりの「解剖台」を見た時、その怒りと悲しみの記憶が今では正しい歴史を伝える場となっていることに感動を覚えた。瀬戸内国際芸術祭をきっかけに海底から引き上げられたこの解剖台は、過去を葬り去ろうとずっと海底に沈めたままの状態であったのだ。

芸術を通じて、世界中の人たちに真実が伝わる凄さを実感した。同じように、相模湾に沈めたままの残骸を引き上げて、上野村に展示する日がきっとくる、その日を読者の皆さんと実現したい。

なお、元内閣法制局職員の方や人事院職員だった〈あの日〉を知る方から、次のような嬉しい言葉を頂いた。

「青山さんの一連の著作は、重要公文書に準ずる重要歴史資料である」

今後もこの言葉を支えとして、事実を適切に確実に伝えていきたいと思っている。

河出書房新社の方々にも深く感謝申し上げる。西口徹氏と新しく担当編集者に加わった岩本太一氏にも頑張っていただいた。自由な執筆環境に心から感謝したい。

＊　＊　＊

外務省東口の玄関前に陸奥宗光伯の銅像がある。

二本の桜の木を背景として、すっとした立ち姿から見下ろすその目は、朝晩そこを通る外務省職員の皆さんに向けられている。そして、どういう仕事の仕方をしてきたのかを問うている。政治家というものはいつの時代も毀誉褒貶にさらされるものであり、陸奥もそうだろうが、それまで誰もができなかった重大課題の「不平等条約改正[*22]」に先鞭をつけた人物であることは確かだ。これによって法に則り、欧米列強諸国による半植民地状態から日本の「独立自尊」を一歩進めることにつながった。陸奥は和歌山藩伊達藤二郎宗広を父として生まれ、明治初めの混乱の中、元老院副議長でありながら国事犯として一時期、宮城監獄に収監されていたことがあった。これはいわゆる与党側でありながら、モノを申した結果そうなったということもできようか。その時、旧知の仲だった私の高祖父が、衣服書籍等を差し入れて世話をし、議論や研究を重ねていたそうだ。その後、第一回帝国議会衆議院議員として国会で再会した時、本来の国としてあるべき姿を話し合ったという。そして後に外務大臣となった。

誤解しないでいただきたいのだが、これは明治時代への懐古主義でもなければ、決して軍備増強による独立自尊を唱えているのでもない。しかし、戦後から続く日米合同委員会をそのままにしておいてよいはずがない。

事実、一九七二年の沖縄返還時に合わせて、在日米大使館が主導してこの「占領時代の遺物」の見直しを米国防省に提案している。当時の見解としては、米国側が沖縄復帰と同時に新たな日米関係を提案していた。長期にわたり他国軍が駐留する必要はなく、十年後、つまり一九八二年には米軍は沖縄を去る、と米国務省元法務官、チャールズ・シュミッツ氏は考えていたのである（参照：琉球新報社編集局編著『この海、山、空はだれのもの⁉――米軍が駐留するということ』二〇一八年、高文研）。これも、米国秘密指定解禁の公文書から見つかったという。当時、在日米軍の反対が強かったが、その主張には、「日本側からの変更要求やその兆候すらない。よって米国側から公式に変更を促すべきではない」という見解が入っていた。

これは一体何を意味するだろうか。日本政府は、自ら進んで言いなりになっている、ということになる。日本の官僚や政治家に米軍と非常に仲の良い人たちがいる、ということにもなる。その後、運用見直しは米軍側が柔軟に対応するということになり、コミュニケーションを図る場となってきたというが、どのようなコミュニケーションなのかは現在まで続く様々な問題を見ればわかることだ。

オリンピックを控えた二〇二〇年三月、民間航空機が東京上空すれすれを飛び、いったん横田管制空域に入ってまた出るという、離陸直後の三分間と着陸寸前の八分間の最も危険な時間「クリティカル11《イレブン》ミニッツ」を無視した羽田新ルートが増設された。それ以外にも沖縄周辺の空域はますます民間航空機の航行を制限する方向に舵が切られている。さらに必要に応じて米軍が使用する臨時訓練空域が新設され続けている。しかも、それを国土交通省は自衛隊用空域という表向きの理由で設定し、「米軍が使うわけではなく、日米合同で使用しているから問題はない」と、詭弁を繰り返しているという。航行の安全を脅かすほどの訓練空域が知らぬ間に増えていることを私たちは知らなければならない。

その昔、私が乗務していた頃も沖縄を離陸するとずっと低空飛行のままでなかなか上昇しなかったが、何も知らない乗客は、「わざわざ機長が沖縄の美しい海を見せてくれているのだ」と感激して写真撮影していたのを思い出す。あれは、米軍と自衛隊専用の軍用空域のために、民間機は上昇ができなかったのであり、大変危険なのである。いつも出発前のブリーフィングでは、キャプテンが緊張しながら私たちに注意を促していた。今ではさらに迂回を余儀なくされているというが、国土交通省はこれらの問題に対して、「自衛隊臨時空域だからよい」と説明する。しかし、その同じ空域を米空軍嘉手納基地では、米軍臨時訓練空域としている。

日本のための国土交通省でもなければ、日本のための外務省でもなくなってきたということなのだろう。これで一体誰が得をするのだろうか。今こそ考え直す時がきている。

私は、日本航空にいた人間として、521人の検死を行った大國歯科医師と雫石事故の検死を行った医師の志を受け継ぐものとして、「この未解決事件を未解決のままにしたいのは、実は狭い日本人だった」と言われたくはない。

現在、読者の一人が再調査を願いネットで署名活動を行っている。私はこの声を国土交通大臣と運輸安全委員会（旧事故調査委員会）に届けたい。
あの日、大阪伊丹空港着十九時、日航１２３便、定刻に到着するはずだった……。
そこに、５２１の人生があったことを忘れてはならない。
死者のために、祈りを捧げてくれた皆さまに心から感謝申し上げる。

二〇二〇年　六月一日

青山透子

注釈

＊1　レーガン図書館

カリフォルニア州シミバレーにあるロナルド・レーガン大統領博物館。大統領専用機のエアフォースワン（B707型機特別仕様）も展示されており、アメリカ大使館公式マガジンによれば、「大統領図書館は、それぞれの大統領在職時の記録と博物館機能も備え、当時の大統領ゆかりの品々や展示品などが、出身州に設置されている。研究者や歴史学者以外の一般人でもホワイトハウスに関心を持つひとならば誰でも資料を閲覧できる」と書いてある。余談だが、私が大学生時代に留学したのが、カリフォルニア州立大学サンタ・バーバラ校であった。サンタ・バーバラはレーガンの別荘がある場所だ。仙台出身の私にとって初めて乗った国際線、しかも日本航空で行ったのだが、その帰りの便で、私は客室乗務員の方と話す機会があり、その時自分の進路を決めた。今思えば不思議な気がする。

＊2　片桐機長逆噴射事件

一九八二年二月九日、福岡発羽田行き日本航空350便（DC－8－61型機）、乗客百六十六名、乗員八名、合わせて百七十四名を乗せ、午前八時四十四分、滑走路33R進入端より五百十メートル手前、着陸寸前で羽田空港沖に墜落した。海中に突っ込み、乗客二十四名が死亡、乗客乗員百四十九名が負傷する大惨事となった。日本航空内部では、滑走路に接地してから引くリバース・レバーが飛行中に引かれていること、事故直後に機長が行方不明になったこと、その機長が実は一般乗客のふりをしてカーディガンを羽織り、さっさと脱出ボートに乗っていたこと、これらは通常では全く考えられない事態として騒然となった。結局のところ、機長は心身症というよりも精神分裂病と診断され、発症は六年前と鑑定医から鑑定の要旨が報告されて、刑事責任を問えずに、会社の管理責任が問われた事件であった。機長の妻は元東亜国内航空のスチュワーデスであり、様々な異変に気づいていたが、機長昇格試験によるストレスだと判断していた。しかしその後徐々におかしくなる様子を見て、聖マリアンナ医科大学病院精神科に夫を連れて行ったが、軽いうつ状態か心身症と診断され、薬を処方された。乗員部と会社の常勤医師の協議によって、処方薬服用を継続しながら機長業務を続けさせた。同僚たちは、変な機長と噂していた。墜落四日前、妻は夫の暴力や異常言動で家を飛び出したのだが、その後戻り、病的で奇異な言動を全く会社に報告しなかったのである。当時事故処理担当だった元日本航空の山本善明氏も「機長の家族の行動」として、いくら義理の姉に内緒にするよう説得されたとしても、スチュワーデスであったことも考えると「本人がパイロットという人命をあずかる職業についていることを知りながら、それらの異常行動を会社に対して詳細に報告しなかったのはなぜだろうか」と大きな疑問を提起している。この事故によって「逆噴射」という言葉が流行した。

＊3　オレンジ色に拡大した窓の外の写真

ご遺族から見せていただいた写真のうちの六枚について撮影の順番に説明をする。

①　離陸直後で窓側の席に座ったまま、大きな窓枠の外に羽田空港沖周辺が撮影されている。これ

を引き伸ばしたものが日本航空の安全啓発センターに掲げてある。

②　明らかに撮影者が立ち上がり、窓から外を撮影した写真である。窓枠が小さく、下に相模湾が写り、うっすらと湾の形が見える中、遠くに富士山の頭が雲海から出て見える。ちょうど真ん中に黒点に見える物体が、こちら側にまっすぐ飛んでくる写真である。大学の画像専門機関で黒点を引きのばしてもらった写真はオレンジ色に変化していき、そのコメントは、『日航１２３便　墜落の新事実』文庫版一一一頁に掲載した。

この写真は安全啓発センターでは、全く無視されている。

③　今度は窓枠が斜めとなり、もう一度着席した状態で撮影した写真である。

雲海と機体の翼の一部先端が写っている。何かを探している写真である。

④　③と同じような風景の写真である。右側の翼と富士山がうっすら見える。

⑤　④と同じような風景写真である。安全啓発センターでは③から⑤のうちの一枚が掲げてある。

ここで重要な点は、②を撮影してから、何かを探すように同じ風景を何度も撮影している点である。恐らく黒点を捜しているのだろうと推定される。

⑥　飛行中に酸素マスクが下がり、乗客がそれを口に当て、客室乗務員がマスクを口にして通路に立っている写真である。この撮影場所は、Ｅコンパートメント、つまり垂直尾翼が吹き飛ぶほどの突風が吹き荒れた場所、となる。しかし、この写真を見る限りでは何の変化もなく、乗客も平然としている。

日本航空安全啓発センターはこの写真を掲げなければならない。スチュワーデスが冷静に対応しているこの写真を出すことができない理由は、圧力隔壁破壊での突風がなかったことを証明してしまうからである。

以上のように、重要な②と⑥を無視し、関係のない写真二枚だけを掲げて、それが全部であるかのように見せかける方法によって、意図的に目をそらさせたいことが逆にわかる。

＊4　勲一等旭日大綬章

一九八五年八月十四日付『ジャパンタイムズ』の記事には、太平洋軍司令官のウイリアム・J・クラウ・ジュニア氏と中曽根康弘氏の笑みを交わす写真が掲載されている。加藤紘一防衛庁長官のコメントも掲載されている。内閣府賞勲局に確認したところ、ちょうど一週間ほど前に決まったが、なぜその日かについてはたまたまだ、との回答があった。詳細は『日航123便　墜落の波紋』文庫版二〇四頁に記載した。

＊5　半官半民

政府と民間が共同で出資して事業を経営することをいうが、日本航空の場合は、政府出資十億円と旧日本航空株式会社の営業価格十億円と合わせ、昭和二十八年日本航空株式会社法によって二十億円の資本金で設立された。一九八五年当時は、国際線と札幌、東京、大阪、福岡、沖縄の幹線が日本航空、全日空は国内線、東亜国内航空は地方国内路線と政策によって分かれていた。中曽根内閣時の一九八七年に完全民営化となった。その後、二〇〇四年に大赤字経営だった日本エアシステム（元東亜国内航空）を吸収合併して不透明な経営が続き、社内で双方の社員が分断したまま、インシデント（事故発生一歩手前）が多発して二〇一〇年に事実上倒産した。会社更生手続きを経て今に到る。

＊6　ミサイル回避装置「C-MUSIC」

軍事エレクトロニクス開発企業のElbit Systems社製造。地対空ミサイルに対して、ミサイルのナビゲーション・システムの電波妨害を行うことでミサイルの軌道を逸らし、自機から安全な距離を置いてから爆発させる装置。レーザー技術と熱感知カメラを統合して用いる。開発のきっかけは、二〇〇二年、離陸直後のイスラエル航空機をテロリストが地対空ミサイルで狙い撃ちした事件である。当時のアリエル・シャロン首相が緊急防衛対策を命じた。Elbit Systems社のホームページやCMでは、他にもルワンダ政府大統領専用機が撃墜されたこともあり、世界的に需要が高まる最新防衛技術として、その撃墜回避の模様とともに紹介している。

＊7　横田空域

東京都都市整備局のウェブサイトには、横田空域の全面返還を求めるページがある。米軍が管理する空域として一都九県にまたがる広大な空域を地図で掲載している。高度が階段状に設置された空域は複雑で、これらは民間航空機が許可なしでは飛べない空域となっている。首都圏の航空需要に対応するには、早期全面返還と首都圏の空域を再編成して一体的に管制業務を行うことが不可欠だとしている。しかしながら、全く思うように進んでいないのが現状である。

＊8　フラッタ（フラッター）

フラッタというのは、不安定な部分が空気の乱れを生じさせて機体の振動が激しくなり、その振動によってねじれや崩壊に至る現象である。当初、機長たちの間で指摘された原因の一つである。もともと垂直尾翼付近に何かの不具合があったか、それが整備上かどうかは不明だとする。しかし、フラッタ原因説では一・五秒ほどで、垂直尾翼面積の55％以上が崩壊し、欠損してしまったことの説明は全くつかない。先に異常外力着力点からの崩壊に起因して周囲が飛行中に剝がれて、それがフラッタとなったとすれば説明はつく。

＊9　9・11大事件

二〇〇一年九月十一日にアメリカで起きた同時多発テロについて、米国内で政府の公式見解に多くの有識者から異議が唱えられており、真実を求める建築家やエンジニア、技術者、研究者など三千人以上が連携して実験や検証をし、科学的根拠をもって政府の見解を否定し続けている。特にツインタワーの崩壊は、ビル解体で行われる制御解体の仕方に酷似していたからである。さらにジェット燃料で鉄骨は溶けない。また離れた場所で飛行機も激突せずに火災も発生していなかった7号棟ビルまで、何の原因もなく崩壊した。その様子はビルの爆破解体の制御解体と同じだと結論づけたのである。これに対して政府は無視を決め込んでいる。結局のところ、イラク政府とアルカイダの関係も立証されず、大量破壊兵器も見つからなかった。この大義なき戦争は、宗教対立や分断で中東情勢を一層不安定にしただけであると言われている。日本においても科学者の会で真相究明が行われている。この科学者たちの見解について、メディアとしての役割を放棄し、「こういった陰謀論は魅力的だ」という茶化し記事（『朝日新聞』二〇一〇年三月二十三日付）を書いた大野博人論説委員に対し、その内容と真意を問う論文（「911真相究明運動と報道機関」風斗博之『人間情報学研究』第二一巻）も読んだ。この大野氏の記事は、おそらく何かの取り引きがあっての個人的見解だろうが、新聞報道という場において、メディアにいる人間がやってはいけないことだろう。

＊10　リーマンショック

二〇〇八年九月十五日、米国の大手投資銀行のリーマン・ブラザーズの経営が破綻し、それが引き金となった世界的金融危機である。六千百三十億ドルもの負債総額で、破綻が想定外であったことから世界中の株式市場で大暴落が起きた。その予兆や事前の異変が認められていたが、政府の救済を当てにしていた甘さも相まって、一気に崩壊した。政府要人が絡んでいたことや事実を突き止めて誰もが信じなかったことを逆手にとって大儲けした人の実話を描いた「マネー・ショート（The Big Short）」という映画は、大衆心理と金の亡者となる人たちをうまく描いていて一見の価値のある映画だった。

＊11　ウィキリークス事件

ウィキリークスとは二〇〇六年創設の非営利メディア組織によって運営されている内部告発情報をインターネットで公開するウェブサイトである。創設者はジュリアン・アサンジュで、ネットハッキングのスキルを持ち、性的暴行容疑で二〇一〇年に逮捕され、保釈中に逃亡した先のイギリスのエクアドル大使館で逮捕された。しかし、性的暴行容疑の捜査は打ち切られた。ちょうど二〇一九年四月十一日に私がイギリスに滞在していた最中、そのニュースで持ち切りであった。

さて、二〇一〇年に米国務省外交文書、外交電文、各国の機密文書が流出し、国家機密文書がこのウィキリークスで公開され、その後、各国のメディアを通じて同時公開されるという事件が起きた。特に9・11のテロ以降の軍関係の情報漏えいで明らかになった事実も多かった。例えば、アフガニスタン戦争の詳細では、米軍が記者会見で偽の報告を行った文書によってアルカイダの活動拠点ではない普通の神学校を事実誤認して砲撃したこともわかり、空爆の実行の際、アジトの可能性を十分調べていなかったために一般人や子供たちが犠牲となったこともわかった。いまもなお、政府側の報道や軍による会見で説明してきた事実と異なる新たな事実をホームページで公開して一般市民に本当のことを提供し続けている。

＊12　日航ニューデリー事故

一九七二年六月十四日午後八時五十五分（現地時間）、日本航空471便（DC－8型機）乗客乗員八十九名（十六か国の出身）が、インドのニューデリー・パラム国際空港に着陸寸前で空港手前のジャナム川土手に墜落、炎上した。十三名が生存していたものの、全身火傷で、結局三名だけが生存者となった。インドは国際路線に外国人搭乗者が多いことから、高等裁判所において事故原因を公開審議する形式をとっている。その裁判所で、日本航空は生のボイスレコーダーも生のフライトレコーダーもすべての資料を公開するのである。日本航空側は、機長や運輸省航空局技術部長、事故調査課長らが出廷し、目撃者も医療関係者も技術者も証言しながら事故原因を究明した。翌年には本物のボイスレコーダーを使用して、ＮＨＫは番組を製作している。つまり日本で事故調査資料の公開はできないという論は成り立たない。なお、詳細は『日航123便　墜落の波紋』の一六一頁（文庫版）「灼熱のインドからの手紙」を参照してほしい。

＊13　虚偽公文書作成

外部からの情報公開請求で発覚した虚偽の公文書作成事件である。二〇二〇年三月に経済産業省資源エネルギー庁幹部職員らは、関西電力金品受領問題の行政手続きの際、関西電力に対して業務改善命令を出す前に必要だった、電力・ガス取引監視委員会への意見聴取という手続きを忘れ、それをせずに進めてしまったことが発覚し、後から隠すために、前日に意見聴取したかのような公文書を複数作成したのである。不正を指示した課長ら職員七人が処分を受けたのだが、公文書を虚偽作成したにもかかわらず軽い処分だったと指摘されている。

＊14　密約事件

外務省機密漏えい事件・西山事件と呼ばれるもので、沖縄返還協定に関する外務省機密文書を女性事務官から入手した毎日新聞の西山記者による情報漏えい事件である。裁判では事務官は国家公務員法で守秘義務違反を問われて有罪判決、記者は第一審で報道の自由で無罪、控訴審は有罪、最高裁で法秩序と社会観念上、取材活動が逸脱しているとされて有罪が確定した。

そもそも密約とは何かというと、政府が一九六八年に核兵器搭載の疑いが強い米軍艦船の寄港や通過を黙認することを決め、その後歴代首相や外務大臣らも含めて秘密裏にし、非核三原則を持つ日本国への米軍の核搭載艦船の寄港を黙認する、という日米間機密文書のことである。国会においても虚偽の答弁を繰り返していたことから、佐藤栄作首相の非核三原則表明（一九六七年）は事実上空洞化し、表向きと異なり実際には核を積んだ艦船があったこととなる。その後、二〇〇〇年に米国公文書によって密約の事実が裏付けられ、日本政府は否定し続けたが、二〇一〇年三月九日に岡田克也外務大臣（民主党政権時）が、調査結果と検証報告書を公表して事実が明らかになった。

この事件で最も問題視されたのは、当時東京地検特捜部にいた佐藤道夫氏が「この問題を正面からとらえると現政権に大きな打撃を与えるため、女性事務官とホテルで会い、情を通じて記者が女性を利用して密約文書を手に入れた、という痴話話にすり替えて世論を誘導しよう」としたことである。私は佐藤道夫氏が仙台出身であったご縁で講演会や『法の涙——検事調書の余白』も読んだが、後日、西山記者事件の裏側を知り、佐藤道夫氏に失望するとともに、女性の人生や西山記者の人生を簡単に踏みにじる権力の横暴に憤りを感じた。西山氏は国家賠償法に基づいた損害賠償請求訴訟を提起し、結局のところ最高裁で密約文書不開示の政府決定は妥当との判断が出た。司法は政権に阿《おもね》るという実態をさらけ出した事件である。

＊15　アメリカ公文書館の情報開示

英国人遺族のスゥザンからメールがあり、米国公文書館から「ファースト・トラックに入った」という内容のメールが来たとのことであった。つまり、最も早く情報が開示できる部類に入ったということになる。ところがその後、なぜか日本の外務省からの「お願い」により、開示が止まっているとの報告も得ている。なぜ、米国の公文書に対して、日本の外務省がお願いをしたのかわからないが、これだけの年月が経っている今、日本国民のためにも開示すべきなのは当然であろう。

＊16　辺野古埋め立て

米軍普天間飛行場から名護市辺野古への移転に伴う埋め立て工事費用は、防衛省試算の十倍以上の二・五兆円に上り、さらに完成まで十三年という途方もない期間がかかることが沖縄県の試算で明るみに出た。当初想定していなかった軟弱地盤の地盤改良が必要となったためとするが、事業途中ですでに費用が膨らんでおり、青天井で莫大な税金投入を続けている公共工事であることは間違いない。二〇一七年末までの実際の支出額は九百二十億円、すでに当初の総工費二千四百億円の約四割に達しており、警備費も一日二千万かかる。予算の適正執行の観点からもこのまま何のチェックもなく進めていくのは大問題だとされる。なお、二〇一四年十二月十七〜十八日に自衛隊トップの河野克俊統合幕僚長が訪米したとき、米海兵隊のダンフォード総合司令官に対し、たとえ沖縄県知事が普天間移設反対を主張する翁長雄志氏になっても、安倍政権は辺野古埋め立てを強力に推進するだろうと勝手に約束していたことがわかった（『琉球新報』二〇一五年九月三日付）。この河野氏は安倍政権下、異例の三度にわたる定年延長をした人物である。これはまるで、黒川弘務前東京高等検察庁検事長の定年延長問題と同じである。自衛隊トップはすでに三回も定年延長を行っていた。

＊17　レンジャー五訓

元レンジャー隊員から聞いたところによれば、①飯は食うものと思うな、②道は歩くものと思うな、③夜は寝るものと思うな、④休みはあるものと思うな、⑤教官・助教は神様だと思え、というレンジャー五訓があるそうだ。行動訓練では一日二食、二人一組（バディ）で一食を分け合う、歩いていいのは二歩まで、常に駆け足、夜の行動の方が多い、教官には「レンジャー」という返事のみを発する（言い訳なし）、戦闘リペリングでは銃を撃ちながらヘリコプターから降下する訓練や、生存自活（生きたままの蛇や鶏を殺して食べる訓練）、爆破、襲撃、スパイ活動、隠密処理（暗殺の仕方）、対尋問行動（拷問の仕方や口を割らないための訓練）も学び、準戦争状態の環境で訓練を行う。これが現実なのである。

＊18　ヒゲの隊長

平成二十七年九月十九日に自衛隊法等を改正する平和安全法制整備法と国際平和支援法からなる安全保障関連法が国会で強行採決にて成立した。その前の九月十七日の参議院特別委員会本会議の映像を覚えているだろうか。通常は野党側が阻止するために取り囲むはずの委員長席に、ヒゲの隊長と呼ばれている元自衛官の国会議員が合図をしたとたん、なんと与党や委員会に入っていない議員、秘書、ＳＰまでもが総動員して先に取り囲み、速記者が聴取不能と議事録に記したほどの混乱の中、委員会のやり直しもないまま強行された。するとあっという間に安保法案可決という速報が突然、ＮＨＫで流れたのである。法案を可決するためにこんな前代未聞のドタバタ劇を自民党は演じたのだが、この法律によって自衛隊の派遣拡大と日米一体化、武器使用拡大が決定した。実は、経団連が事前に「防衛産業政策の実行に向けた提言」を公表していたことがわかった。やはりこれも軍事産業推進のためであったといえよう。

＊19　第百九十八回国会第十七回国土交通委員会

令和元年六月十二日（水）の衆議院国土交通委員会において、国会議員の津村啓介委員が、石井敬一国土交通大臣への質問として、「日航１２３便墜落事故の原因究明」という質問を行った。石井大臣は、運輸安全委員会は独立して権限を行使する組織であることとし、国土交通大臣が指導する立場ではないと強調したが、津村委員は、相模湾に沈んだままの機体をなぜ引き上げないのかと言及し、ぜひこの部品を引き上げて調査すべきだと訴えた。

＊20　満洲航空

関東軍から中国の満洲内の軍用定期航路開設の要請を受けて一九三一年設立の関東軍軍用定期航空事務所を起源としたのが満洲航空株式会社である。満航と呼ばれた。民間旅客や貨物輸送と軍事輸送、郵便輸送等のみならず、航空写真による地図作成、航空機製造や整備まで広範囲に業務を行った。その後、一九四五年、満洲国消滅とともに満洲航空も消滅したが、戦後の空を支えるためとして日本航空に再就職した人も多かった。

＊21　リクルート饅頭

中曽根康弘の懐刀と言われて中曽根内閣時代に内閣官房長官だった藤波孝生氏の生家が、三重県伊勢市の饅頭店（利休饅頭）であったことから、一九八九年のリクルート事件で受託収賄罪で在宅起訴された際に揶揄された言葉である。

藤波氏は第二審で有罪判決となり、自民党を離党したが、リクルート事件では中曽根を庇ったとされている。

＊22　不平等条約改正

不平等条約とは欧米列強の時代、強国が弱小国を従属させるような内容で強制する条約のことである。日本の場合、幕末に徳川幕府が締結した条約では、日本国内産業の発展も阻害されるとし、不平等条約の改正は明治政府の悲願であった。陸奥宗光外相は一八九四年、日英通商航海条約の締結に成功した。以降、各国とも同様の条約を結び、領事裁判権撤廃や相互対等による最恵国待遇、部分的税権回復などが実現した（関税自主権の獲得はその後の小村寿太郎外相時代）。独立国家として国際社会に認められた大きな一歩となった。

参考文献

［新聞］
『読売新聞』一九七一年（昭和四十六年）八月一日ほか、一九八五年（昭和六十年）〜二〇二〇年（令和二年）の新聞各紙

［米国公文書関連］
PUBLIC PAPERS OF THE PRESIDENTS OF THE UNITED STATES
PUBLIC PAPERS OF RONALD W. REAGAN 1985
Administration of Ronald Reagan,1985
Ronald Reagan Presidential Library Digital Library Collections Executive Secretariat, NSC:Head of State File: Records, 1981-1989 Japan: Prime Minister Nakasone Box 18-19
NATIONAL TRANSPORTATION SAFETY BOARD WASHINGTON,D.C.
The National Declassification Center
U.S. Forces, Japan - Freedom of Information Act

［外務省公文書関連］
「日米要人間書簡（中曽根・レーガン等）1985（昭和六十）/1〜1987（昭和六十二）/5」

「レーガン米国大統領・中曽根総理間書簡及び返答」
「戦前期　条約書」外務省外交史料館　国立公文書館アジア歴史資料センター
「戦後期　外務省記録　外交記録」同前
「米軍航空機の事故調査報告書の公表について」一九九六年（平成八年十二月二日）
「日本国とアメリカ合衆国との間の相互協力及び安全保障条約第六条に基づく施設及び区域並びに日本国における合衆国軍隊の地位に関する協定」一九六〇年（昭和三十五年六月二十三日）
「日米合同委員会の議事録の公表について」一九六〇年（昭和三十五年六月二十三日）
「国際民間航空条約の改正に関する一九八四年五月一〇日にモントリオールで署名された議定書」
国際民間航空機関（ＩＣＡＯ）一九九八年

［国土交通省航空局］
「横田空域の一部削減に伴う羽田空港出発経路の設定について」二〇〇八年
会議録「衆議院　第198回国会　国土交通委員会　第一七号」（航空法及び運輸安全委員会設置法の一部を改正する法律案）令和元年六月十二日

［報告書］（年順）
「航空事故調査報告書——日本航空株式会社所属ボーイング式747 SR-100型JA8119　群馬県多野郡上野村山中昭和60年8月12日」運輸省航空事故調査委員会　昭和六十二年六月十九日
「別冊　航空事故調査報告書付録（JA8119に関する試験研究資料）」運輸省航空事故調査委員会

「日本航空ジャンボ機御巣鷹山墜落事故審査申立書」八・一二連絡会　一九八九年
「米国の安全保障情報管理政策に関する一考察——秘密指定情報制度を中心に」平松純一（日本社会情報学会合同研究大会報告）二〇一一年
「日本航空123便の御巣鷹山墜落事故に係る航空事故調査報告書についての解説」運輸安全委員会事務局　二〇一一年
「米国およびカナダにおける公文書管理の最新動向」小谷允志　『情報管理』Vol.55 No.4　二〇一二年
「日米地位協定の改定を求めて——日弁連からの提言」日本弁護士連合会　二〇一四年
「新安保法制で日本はどこへ行くのか——講演報告集」群馬弁護士会　二〇一八年
「答申書　総務省　情報公開・個人情報保護審査会　特定事故の調査資料の一部開示決定に関する件」二〇二〇年

［論文］（年順）
「レーガン政権の情報政策」田村晃児　『情報管理』Vol.26 No.7　五〇九 - 五一八頁　一九八三年
「佐藤政権の核政策とアメリカの「核の傘」・「アメリカの核抑止力への依存」政策の公式化・定着とその背景」　黒崎輝　『PRIME』16号　七三 - 九三頁　二〇〇二年
「航空管制用二次監視レーダー SSRモードS」橋田芳男他　『東芝レビュー』Vol.59 No.2　二〇〇四年
「国家安全保障及び公共の安全にかかわる情報と情報公開・米国法（情報自由法）の分析とわが国

への示唆」永野秀雄　法政大学人間環境学会『人間環境論集』13巻　一‐一〇五頁　二〇一三年
「無自覚の宗教性とソーシャル・キャピタル」稲場圭信　『宗教と社会貢献』一巻1　三‐二六頁　二〇一一年
「一九八〇年代の冷戦と日本外交における二つの秩序観――中曽根政権の対中外交を軸として」神田豊隆　『アジア太平洋研究』No.19　五三‐六九頁　二〇一七年
「『知る権利』に関する一考察――『沖縄返還「密約」文書開示請求訴訟』を事例として」神谷めぐみ『国際琉球沖縄論集』第4号　二〇一五年
「911真相究明運動と報道機関」風斗博之　『人間情報学研究』第二一巻　一〇三‐一一五頁　二〇一六年
「日本においてロシア諜報機関に協力した情報提供者の類型化」大上渉　『犯罪心理学研究』第五五巻第一号　二九‐四五頁　二〇一七年

［主な書籍］（年順）
『世界のミサイル　弾道ミサイルと巡航ミサイル』小都元　新紀元社　一九九七年
『新版　ミサイル事典――世界のミサイル・リファレンス・ガイド』小都元　新紀元社　二〇〇〇年
『秘密のファイル（上）――CIAの対日工作』榛名幹男　共同通信社　二〇〇〇年
『日本航空事故処理担当』山本善明　講談社　二〇〇一年
『「日本人論」再考』船曳建夫　日本放送出版会　二〇〇三年

『情報戦争――9・11以降のアメリカにおけるプロパガンダ』ナンシー・スノー（福間良明訳）岩波書店　二〇〇四年
『戦後史の正体　1945-2012』孫崎享　書籍情報社　二〇一二年
『日航機事故の謎は解けたか――御巣鷹山墜落事故の全貌』北村行孝・鶴岡憲一　花伝社　二〇一五年
『個人情報保護法の法律相談』三宅弘　青林書院　二〇一七年
『図解入門　最新ミサイルがよ〜くわかる本』井上孝司　秀和システム　二〇一七年
『この海、山、空はだれのもの?!――米軍が駐留するということ』琉球新聞社編集局　高文研　二〇一八年
『国権と民権――人物で読み解く平成「自民党」30年史』佐高信・早野透　集英社新書　二〇一八年
『日米戦争同盟・従米構造の真実と「日米合同委員会」』吉田敏浩　河出書房新社　二〇一九年

＊　＊　＊

〔自著〕
『天空の星たちへ――日航123便　あの日の記憶』青山透子　マガジンランド　二〇一〇年／復刊版『日航123便　疑惑のはじまり――天空の星たちへ』青山透子　河出書房新社　二〇一八年（河出文庫版　二〇二一年）

『日航123便　墜落の新事実――目撃証言から真相に迫る』青山透子　河出書房新社　二〇一七年（河出文庫版　二〇二〇年）
『日航123便墜落　遺物は真相を語る』青山透子　河出書房新社　二〇一八年（河出文庫版　二〇二三年）
『日航123便　墜落の波紋――そして法廷へ』青山透子　河出書房新社　二〇一九年（河出文庫版　二〇二五年）

巻末資料３　審議会答申書全文

諮問庁：運輸安全委員会委員長
諮問日：令和元年１１月２８日（令和元年（行情）諮問第３６０号）
答申日：令和２年３月１０日（令和元年度（行情）答申第５８４号）
事件名：特定事故の調査資料の一部開示決定に関する件

答　申　書

第１　審査会の結論

１９８５年８月１２日に起きた日航１２３便墜落事故のボイスレコーダー，フライトレコーダーの記録データ（以下「文書１」という。）につき，これを保有していないとして不開示とし，同事故のその他の調査資料のうち，別紙に掲げる文書（以下「本件開示文書」という。）及び文書１以外の文書（以下「文書２」といい，文書１と併せて「本件対象文書」という。）につき，その全部を不開示とした決定は，妥当である。

第２　審査請求人の主張の要旨

１　審査請求の趣旨

行政機関の保有する情報の公開に関する法律（以下「法」という。）３条の規定に基づく開示請求に対し，令和元年６月１０日付け運委総第４７号により運輸安全委員会事務局長（以下「処分庁」という。）が行った一部開示決定（以下「原処分」という。）について，取消しを求める。

２　審査請求の理由

審査請求人の主張する審査請求の理由は，審査請求書，意見書１及び意見書２の記載によると，以下のとおりである。

（１）審査請求書

ア　本件開示請求

審査請求人は，運輸安全委員会に対し，「１９８５年8月１２日に起きた日航１２３便墜落事故（以下「本件事故」という。）のボイスレコーダー，フライトレコーダーその他の調査資料一切（マイクロフィルム含む）」（以下「本件請求文書」という。）を開示請求した。

イ　これに対し，処分庁は，２０１９（令和元）年６月１０日付け行政文書開示決定処分（原処分）をもって，

「ア　ボイスレコーダー，フライトレコーダーについては不存在（以下「本件不開示理由ア」という。）。

イ　その他の調査資料のうち，開示する行政文書の１～７以外の資料（以下，第２において「本件不開示資料」という。）は，

①これらの資料を公にすると，今後同種の事故等調査において，

事故等関係者が当該資料を事故等調査報告書の作成以外の目的に利用されることをおそれ，あるいは事故等関係者との信頼関係が損なわれ，資料の提供が得られないこと，または事実を明らかにしないことなどが予想され，その結果，事実関係の把握及び的確な調査が行えず，事故等の原因究明が困難となり，事故等調査業務に支障を及ぼすおそれがあると認められることから，法５条６号柱書きに該当する（以下「本件不開示理由イ①」という。）。

②また，我が国の航空事故等調査においては，国際民間航空条約及び第１３付属書に従い，調査実施国，運航国，設計・製造国等が互いに協力しながら行うものであり，そのような国際的枠組みを前提とすると，当委員会との詳細なやりとりの情報を関係国や国際機関の意向を反映せず，我が国の一存で公にすることは，我が国の事故調査制度に対する国際的な信用を失墜させるおそれや，他の同条約締結国との信頼関係が損なわれるおそれがあると認められることから，法５条３号に該当する（以下「本件不開示理由イ②」という。）。

③さらに，事故調査の過程で委員会の内部における検討のために作成された資料は，事故の原因究明を行うにあたり，多角的見地から調査を行うために幅広く収集等した審議途中の検討段階における資料である。これらの資料を公にすることは，検討または審議において率直な意見交換が不当に損なわれるおそれがあり，当委員会の事務の適正な遂行に支障を及ぼすおそれがあると認められることから，法５条５号及び６号柱書きに該当する（以下「本件不開示理由イ③」という。）。」

との理由で一部不開示決定をした。

しかし，本件一部不開示決定は，以下のとおり違法である。

ウ　ボイスレコーダー・フライトレコーダーについて不存在はありえないこと

（ア）処分庁は，本件不開示理由として，ボイスレコーダー・フライトレコーダーについては，不存在というだけである。

しかし，運輸安全委員会が本件事故について，ボイスレコーダー及びフライトレコーダー（以下「本件両レコーダー」という。）を調査したことは，公知の事実である。それゆえ，本件事故調査時に，本件両レコーダーが存在したことを前提として，これらがいつ廃棄されたのか，それは特定会社Ａに返還されたのか。いずれにせよ，本件事故の最重要証拠物件について，破棄されているならば，その旨廃棄目録に記録されているはずであるから，その旨明確にされる

2

べきである。

そのような事情を明らかにしないままに，単に「不存在」というだけでは処分理由の付記としては，違法である。

情報公開請求にかかる処分理由については，既に，東京都公文書の開示等に関する条例（以下「東京都条例」という）に関する訴訟において，最判平成４年１２月１０日判時１４５３号１１６頁が，理由付記の趣旨を，「非開示の理由の有無について実施機関の判断の慎重と公正妥当を担保してそのし意を抑制するとともに，非間示の理由を開示請求者に知らせることによって，その不服申立てに便宜を与える」ためであるとした上で，理由付けの程度について，「開示請求者において，本条例９条各号所定の非開示理由のどれに該当するのかをその根拠とともに了知し得るものでなければならず，単に非開示の根拠規定を示すだけでは，当該公文害の種類，性質等をあいまって非開示請求者がそれらを当然知り得るような場合は別として，・・・理由付記としては十分でない」とした。この最高裁判決を受けて，行政手続法８条は十分な処分理由を示さなければならないことを義務付けている。

それゆえ，文書不存在の場合には，「請求対象文書をそもそも作成・取得していない，対象文書が存在していないことの要因についても付記」（平成１７年４月２８日付各府省官房長等あて総務省行政管理局長通知［総管管１３号］）する必要がある。

（イ）そもそも，公文書管理法附則５条による改正前の情報公開法２２条（旧情報公開法２２条）は，①行政機関の長は，この法律の適正かつ円滑な運用に資するため，行政文書を適正に管理するものとするとし（１項），②政令で定めるところにより行政文書の管理に関する定めを設けるとともに，これを一般の閲覧に供しなければならず（２項），③②の政令においては，行政文書の分類，作成，保存及び廃棄に関する基準その他の行政文書の管理に関する必要な事項について定めるものとする旨（３項）を規定し，公文書等の管理に関する法律施行令（公文書管理法施行令）附則６条による改正前の行政機関の保有する情報の公開に関する法律施行令１６条（旧情報公開法施行令１６条）１項において，上記②の行政文書の管理に関する定めは，当該行政機関の事務及び事業の性質，内容等に応じた行政文書の保存期間の基準を定めるものであること（４号前段），この場合において，法律又は政令の制定，改正又は廃止その他の案件を閣議にかけるための決裁文書，国政上の重要な事項に係る意思決定を行うための決裁文書，行政械関の長がこれらの行政文書と同程度の保存期間が必要であると認めるものの保存期間の基準は，そ

れぞれその作成又は取得の日から起算して３０年以上の期間とし，その他当該行政文書の保存期間の基準は，別表第二の上欄に行政処分の区分に応じて，それぞれその作成又は取得の日から起算して１年未満の期間から３０年までの期間以上の期間とすること（同号後段，別表第二の１の項），行政文書を作成し，又は取得したときは，上記の行政文書の保存期間の基準に従い，当該行政文書について保存期間の満了する日を設定するとともに，当該行政文書を当該保存期間の満了する日までの間保存することとするものであること（５号前段），保存期間が満了した行政文書について，職務の遂行上必要があると認めるときは，一定の期間を定めて当該保存期間を延長することとするものであること（７号前段），保存期間が満了した行政文書については，公文書管理法附則４条による改正前の国立公文書館法（旧国立公文書館法）１５条２項の規定により内閣総理大臣に移管することとするもの等を除き，廃棄することとするものであること（８号）等の要件を満たすものでなければならない旨を規定していた（なお，旧国立公文書館法１５条は，①国の機関は，内閣総理大臣と当該国の機関とが協議して定めるところにより，当該国の機関の保管に係る歴史資料として重要な公文書等の適切な保存のために必要な措置を講ずるものとした上（１項），内閣総理大臣は，②①の協議による定めに基づき，歴史資料として重要な公文書等について，国立公文書館において保存する必要があると認めるときは，当該公文書等を保存する国の機関との合意により，その移管を受けることができ（２項），③②の規定により移管を受けた公文書等を国立公文書館において保存する公文書等は，個人の秘密の保持その他の合理的な理由により一般の利用に供することが適当でないものを除き，一般の利用に供するものとする旨を規定していた）。

以上の公文書管理制度を前提として，公文書管理法は，後記（ウ）のとおり，行政文書（なお，公文書管理法２条４項は，「行政文書」につき，法２条２項と同一の定義をしている）の管理に関する詳細かつ網羅的な規定を設けたことから，公文書管理法附則５条により旧情報公開法２２条が，公文書管理法施行令附則６条により旧情報公開法施行令１６条が，それぞれ削除された（旧国立公文書館法１５条及び１６条も，公文書管理法附則４条により削除された）。

（ウ）公文書管理法（２００１（平成２３）年４月１日施行）は，法に基づく開示請求の対象となる行政文書を含む公文書等の管理に関する基本的事項等を定めること等により，行政文書等の適正な管理，歴史公文書等の適切な保存及び利用等を図り，法と同様，国の有するその諸活動を現在及び将来の国民に説明する責務が全うされるよ

うにすること等を目的とする旨（１条）を規定しているところ，行政機関の長は，当該行政機関の職員が行政文書を作成し，又は取得したときは，政令で定めるところにより，当該行政文書について分類し，名称を付するとともに，保存期間及び保存期間の満了する日を設定し（５条１項。なお，同項の委任を受けて制定された公文書管理法施行令８条２項１号及び別表の２の項は，条約その他の国際約束の案の検討に関する調査研究文書であって外国との交渉に関する文書，他の行政機関の質問若しくは意見又はこれらに対する回答に関する文書その他の他の行政機関への連絡及び当該行政機関との調整に関する文書，条約その他の国際約束の案の検討に関する調査研究文書の保存機関を原則として３０年とする旨を規定している。また，行政機関の長は，この保存期間を延長することができる（公文書管理法５条４項）が，延長する期間及び延長理由を内閣総理大臣に報告しなければならない（公文書管理法施行令９条２項）），行政文書ファイル及び単独で管理している行政文書（行政文書ファイル等）について，保存期間の満了前のできる限り早い時期に，保存期間が満了したときの措置として，歴史公文書等に該当するものにあっては政令で定めるところにより国立公文書館等への移管の措置を，それ以外のものにあっては廃棄の措置をとるべきことを定めなければならず （５条５項），保存期間が満了した行政文書ファイル等については，上記の定めに基づき，国立公文書館等に移管し，又は廃棄しなければならない（８条１項）とした上，国立公文書館の長は，当該国立公文書館等において保存されている特定歴史公文書等について，利用請求があった場合には，公文書管理法１６条１項各号に掲げる場合（同項１号に掲げる場合としては，法５条３号又は４号と同趣旨の情報が記録されている場合が含まれている）を除き，これを利用させなければならない（１６条１項本文）が，利用請求に係る特定歴史公文書が公文書管理法１６条１項１号に該当するか否かについて判断するに当たっては，当該特定歴史公文書等が行政文書として作成又は取得されてからの時の経過を考慮するとともに，当該特定歴史公文書等に付されている同法８条３項の規定による行政機関の長の意見を参酌しなければならない旨（１６条２項）を規定している。

（エ）以上のとおり，旧情報公開法２２条及びこれに基づく関係諸法令並びに公文書管理法（２０１１年4月１日施行）及びこれに基づく関係諸法令とによって，本件両レコーダーは適正に管理され，本来であれば，我が国航空行政上最大の事故であったことから当然に歴史公文書として国立公文書館に移管されているべきものであるから，

不存在ということはありえないのであって，「不存在」という本件不開示理由アについては，上記各関係諸法令に基づく処理経過についての説明がない限り，行政手続法８条及び前掲最判平成４年１２月１０日に違反し，違法である。

エ　本件不開示資料については本件不開示理由イ①②③は認められないこと

（ア）上記最判平成４年１２月１０日及び行政手続法８条の趣旨は，当然のことながら，本件不開示資料の存在を前提とする不開示理由の提示においても行政機関に義務付けられるものである。

とりわけ，本件事故については，運輸安全委員会における事故調査は既に終了し，遅くともその調査の処理及びその終了時において，行政文書管理ファイル簿に文書名が記載されているはずである。

それゆえ，運輸安全委員会は，法２２条すなわち「行政機関の長は，開示請求をしようとする者が容易かつ的確に開示請求をすることができるよう，公文書等の管理に関する法律７条２項に規定するもののほか，当該行政機関が保有する行政文書の特定に資する情報の提供その他開示請求をしようとする者の利便を考慮した適切な措置を高ずるものとする」との趣旨をふまえて，本件開示請求の対象となる行政文書を特定したうえで，その行政文書の具体的内容を述べなければならない。

しかしながら，処分庁は，本件不開示資料について，「事故調査の目的以外には使用しないことを前提に提出を受けたもの，本件事故の関係国や国際機関とのやりとり，若しくは，関係国や国際機関を通して行われたやりとりに関するもの，または，事故調査の過程で当時の航空事故調査委員会の内部における検討のため作成されたもの」と，その内容を記載するのみで，その具体的な行政文書名やその文書数を明らかにしていない。

したがって，まず，処分庁は，本件開示請求に対し，その対象となる行政文書を，少なくとも行政文書管理ファイル簿の記載に基づき個別具体的に特定したうえで，本件処分をなすべきであった。

（イ）加えて，法５条３号，５号及び６号の解釈適用にあたっては，以下の審査基準が適用されるべきである。

まず，法５条３号該当性の行政不服審査においては，行政機関の長の第一次的な判断が合理性を有するかどうかを処分庁の具体的事実の主張立証に基づいて判断するべきであり，具体的には，行政機関の長において，まず，その前提とした事実関係及び判断の過程等，その判断に不合理な点のないことを相当の根拠に基づいて主張立証する必要があり，これを尽くさない場合には，行政機関の長のした

判断が「相当の理由がある」とは認められないことが事実上推認されるというべきである。そして，処分庁が行うべき上記の主張立証においては，不開示処分に係る行政文書に記録された情報が同号所定の事項に関するものであることをその種類や内容を具体的に特定すべきであり，また，同号の「おそれ」については，単なる確率的な可能性ではなく，法的保護に値する高度の蓋然性が求められるというべきであるから，当該情報を公にすることにより，どのような同号所定のおそれがあるかを具体的に示した上，それが深刻かつ確実なものであることを明らかにすべきである。

また，法５条５号及び６号該当性の行政不服審査においても，同号の「おそれ」については，単なる確率的な可能性ではなく，法的保護に値する高度の蓋然性が求められるというべきであるから，当該情報を公にすることにより，どのような同号所定のおそれがあるかを具体的に示した上，それが深刻かつ確実なものであることを明らかにすべきである。

（ウ）さらに，本件不開示資料は，今から３４年も前の本件事故にかかわるものであって，いわゆるＩＣＡ３０年公開原則が適用されるべき情報である。

すなわち，①国際文書館評議会（International Council on Archives（ＩＣＡ）。日本の国立公文書館も昭和４７年（１９７２年）に加入している）の第６回大会の決議・勧告・要望において言及されている「外交文書は，原則としてそれが発生してから３０年以内に公開しよう」といういわゆるＩＣＡ３０年公開原則が公文書管理の在り方等に関する有識者会議の最終報告でも確認されていること，②外務省情報公開法審査基準は，時の経過及び社会情勢の変化を考慮する旨，すなわち，ＩＣＡ３０年公開原則を踏まえなければならないことを自ら定めていること，③日本の外交文書記録公開制度は，ＩＣＡ３０年公開原則を基礎として，戦後の我が国外交の足跡について国民の理解を求め，それを深めるという越旨に基づき，原則として３０年を経たものは一部の例外を除いて一般的に公開することとしていること等をふまえると，本件事故の関係国や国際機関とのやりとりを内容とする本件不開示資料については，法５条３号該当性の判断に当たっては，同号の「おそれ」又は「相当の理由」の解釈の際に，長期間の時間経過を当然にしんしゃくすべきであり，時の経過があってもなお不開示とすることにより得られる利益が開示することにより得られる利益を上回ることを基礎づける事実を具体的に明らかにすべきである。

（エ）また，本件不開示資料は，今から３４年も前の本件事故にかかわ

るものであるから，事故調査報告書が作成された後において，およそ審議途中の検討段階における資料であるとはいえない。それゆえ，法５条５号該当は認められない。同様の理由から，今から３４年も前の本件事故については，本来は，非現用文書として国立公文書館に移管されるべき行政文書であるから，その「時の経過」における事情からも，およそ，同条６号該当も認められない。

（２）意見書１

ア　理由説明書（下記第３。以下同じ。）３（２）ア（法５条３号該当性について）

（ア）理由説明書３（２）アは，日本国の一存で調査過程において入手した文書を公にすると「国際民間航空条約締約国に我が国が国際民間航空条約及び第１３附属書に反する行為を行ったと受け取られ，また，航空事故等の関係国にその意向を無視したと受け取られかねない」として，文書２が，法５条３号の不開示情報に該当するとしている。

しかし，以下の理由から，この主張は不合理である。

（イ）本件の開示請求対象は，国内線の事故に関する調査資料に過ぎない。すなわち，調査実施国，運航国はともに日本であるから，資料の開示による調査実施国，運航国との関係悪化は概念しえない。

したがって，本件で考慮すべきは，設計・製造国との関係のみである。しかし，特定会社Ｂが圧力隔壁破壊を自ら認めている以上，設計・製造国との関係が悪化する「おそれ」も存在しない。

（ウ）また，国際民間航空条約　第１３附属書（以下「条約」という。）第５章の５．１２が一部の記録について開示を禁ずる理由は，これらの記録に含まれる情報が「その後の懲戒，民事，行政及び刑事上の処分に不適切に利用される可能性がある。もしこのような情報が流布されると，それは将来，調査官に対し包隠さず明らかにされということがなくなるかもしれない。このような情報を入手できなくなると，調査の過程に支障をきたし，航空の安全に著しく影響を及ぼすことになる（条約５．１２注）」からである。

しかし，日本国内における民事上の権利は，債権であれば１０年の時効により，不法行為に基づく損害賠償請求権であれば２０年の除斥期間により，消滅する。

刑事上の責任追及も，死刑にあたる罪以外については，最長３０年の時効期間の経過によって公訴権が消滅する。事故に関して生じる責任は，たいていの場合，過失又は重過失責任に基づく者と考えられる。したがって，死刑にあたる罪が問われる可能性はほぼ皆無である。

そのため，事故後３０年以上経過すれば，調査記録を開示することによって，調査協力者が責任を問われることは極めてまれであり，条約が危惧する不利益は生じない。

よって，条約５．１２を理由に，文書２を法５条３号の不開示情報に該当すると判断することは誤りである。

イ　理由説明書３（２）イ（法５条５号該当性について）について

（ア）理由説明書２（２）イは，文書２は，審議途中の検討段階における資料を含むため，これを公にすると「審議又は検討における率直な意見交換が不当に損なわれるおそれがあり，運輸安全委員会の行う事務の適正な遂行に支障を及ぼすおそれがあるとみとめられる」としている。

（イ）しかし，法５条５号の「率直な意見の交換若しくは意思決定の中立性が不当に損なわれるおそれ」とは，公にすることにより，外部からの圧力や干渉等の影響を受けることなどにより，率直な意見の交換若しくは意思決定の中立性が不当に損なわれるおそれがある場合を想定したもので，適正な意思決定手続きの確保を保護利益とするものと解されている。

つまり，行政機関としての意思決定が行われた後は，一般的には当該意思決定そのものに影響が及ぶことはなくなることから，本号の不開示情報には該当しなくなるはずである。

文書２の内容は，本件事故調査に関する調査記録であり，同調査の審議は最終報告を提出し，すでに終了している。このことは，処分庁が同墜落事故調査のために最も必要な資料である文書１を，特定会社Ａに既に返還しているという主張からも明らかである。

したがって，文書２につき，法５条５号該当性は，もはや考慮に値しない。

（ウ）したがって，文書２が法５条５号該当文書であるとの主張は不合理である。

ウ　理由説明書３（２）ウ（法５条６号該当性について）について

（ア）理由説明書３（３）ウは，文書２を開示すると，「今後生じる各種事故等の関係者が事故調査の目的以外に利用されることをおそれ，又は，これら関係者からの信頼を失うこととなり，事故調査に際しての資料提供，供述などに事故関係者が非協力的となる，又は，応じないこととなって，ひいては，事故等の調査に必要な事実関係の把握及び的確な調査が行えないこととなる」として，本件文書２が法５条６号柱書に該当するという。

（イ）しかし，公文書は，一部の例外を除き，３０年を経たものは公開することが原則となっている。

そのため，調査協力者も，自らの発言や調査に対する協力の結果が，３０年後には公開され，社会の検証にさらされることを認識し，これを前提として調査協力をしているはずである。そして，歴史の検証に耐えうる適正な調査協力をしなければならないという，緊張感をもって聞き取りや諮問に応じるのである。これによって，審議の実現が担保されているのである。

このような制度の性質上，調査実施から３０年以上を経過した後に，調査記録を開示することが，今後実施されうる同種の調査への専門家の協力を妨げるおそれを生じさせるとは言い難い。

（ウ）文書２が作成されてから３０年以上経過していることは明らかである。したがって，文書２が法５条６号柱書に該当し，不開示情報にあたるという主張は，不合理である。

（３）意見書２

処分庁の理由説明書に対し，審査請求人は意見書１を提出したが，さらに以下の通り，追加で意見を述べる。

ア　理由説明書３（２）ア（法５条３号該当性について）について

（ア）理由説明書３（２）アは，日本国の一存で調査過程において入手した文書を公にすると「国際民間航空条約締約国に我が国が国際民間航空条約及び第１３附属書に反する行為を行ったと受け取られ，また，航空事故等の関係国にその意向を無視したと受け取られかねない」として，文書２が，法５条３号の不開示情報に該当するとしている。

（イ）しかし，日本航空の運航する旅客機がインドニューデリーのパーラム国際空港で墜落した，日本航空４７１便墜落事故では，ボイスレコーダーの音声がインドの公開法廷で流された。

そして，当該音声を入手した特定報道機関が，特定ドキュメンタリー番組を作成し，当該音声を公共の電波を用いて公開した。

さらに，当該音声は，２０２０年２月５日現在，（略），誰でも視聴可能な状態で一般に公開されている。

しかし，これが国際民間航空条約違反として国際問題になったという事実はない。

これらの事実に照らしても，国際民間航空条約第１３附属書の規定は，本件において記録の開示を拒絶する正当事由とはならない。

（ウ）以上より，条約５．１２を理由に文書２を法５条３号の不開示情報に該当すると判断することは誤りである。

第３　諮問庁の説明の要旨

１　本件審査請求について

（１）本件開示請求は，法に基づき，処分庁に対し，「１９８５年８月１２

日に起きた日航１２３便墜落事故のボイスレコーダー，フライトレコーダーその他の調査資料一切（マイクロフィルムを含む）」（本件請求文書）の開示を求めてなされたものである。

（２）本件開示請求を受け，処分庁は，本件事故に関するボイスレコーダー及びフライトレコーダーの記録データ（文書１）について不存在を理由として不開示に，また，その他の調査資料については，一つの行政文書として管理する，「昭和６０年部会調査記録（昭和６２年公表）」のうち本件事故に関する文書を特定し，別紙に掲げる７件の文書（本件開示文書）につきその全部を開示することとし，その余の文書（文書２）につき法５条３号，５号及び６号柱書きに該当するとして不開示とする決定（原処分）を行った。

（３）本件審査請求は，審査請求人が，本件対象文書の開示を求めて原処分の取消しを求めたものである。

（４）これに対し，処分庁は，本件審査請求を踏まえ，文書１について不存在とした理由を変更することとし，令和元年１１月２２日付運委総第２３０号により審査請求人に通知した。

2　審査請求人の主張について

審査請求人の主張はおおむね以下のとおりである。

（１）文書１について不存在はありえないこと。

（２）本件開示請求における不開示文書についての不開示理由は認められないこと。

3　本件審査請求に対する諮問庁の検証について

審査請求人は，本件対象文書の開示を求めていると解されるところ，いずれも不開示としたことから，以下，本件不開示文書を不開示としたことの妥当性について，以下，検証する。

（１）文書１（ボイスレコーダー及びフライトレコーダーの記録データ）の不存在について

文書１については，本件航空事故調査報告書公表後，そもそもの所有者に返却されているため，開示請求のあった時点で運輸安全委員会において保有しておらず不存在である。令和元年１１月２２日付運委総第２３０号による行政文書開示決定通知書の変更通知書をもって保有していない旨を審査請求人に対して通知を行った。

本件審査請求に際して，念のため，文書１の保有の有無について確認したところ，実際に保有していなかった。

（２）残る調査資料（文書２）の不開示情報該当性について

文書２について，原処分において法５条３号，５号及び６号柱書きに該当するとして，その全てを不開示とした。審査請求人はその開示を求めていると解されることから，以下，文書２の不開示情報該当性につい

て検討する。

ア　法５条３号該当性について

我が国の航空事故等の原因の調査は，国際民間航空条約及び第１３附属書に従い，調査実施国，運航国，製造国等が互いに協力しながら行うものである。

こうした国際的枠組みを前提とすれば，航空事故等の調査ばかりでなく，航空事故等の調査過程で入手した情報の公表に当たっても，国際民間航空条約及び第１３附属書に従い，かつ，航空事故等の関係国の意向を反映すべきこととなる。この枠組みの中では，航空事故等の調査ばかりでなく，航空事故等の調査過程で入手した情報の一切について，事故調査報告書を除き，公表しないこととなっている。こうした枠組みの中，我が国の一存で調査過程において入手した情報を公にすることは，国際民間航空条約締約国に我が国が国際民間航空条約及び第１３附属書に反する行為を行ったと受け取られ，また，航空事故等の関係国にその意向を無視したと受け取られかねないものである。

したがって，文書２については，これを公にすることにより，他の国際民間航空条約締約国との信頼関係が損なわれるおそれがあると認められることから，その全部が法５条３号の不開示情報に該当するものである。

イ　法５条５号該当性について

文書２については，運輸安全委員会内部の検討のために本件事故の調査の過程で作成された文書が含まれている。これらの文書については，本件事故の原因究明を行うに当たり，多角的見地から調査を行うために幅広く収集等をした審議途中の検討段階における資料である。このため，これらを公にすると，検討又は審議のおける率直な意見交換が不当に損なわれるおそれがあり，運輸安全委員会の行う事務の適正な遂行に支障を及ぼすおそれがあると認められる。

したがって，法５条５号に該当するものである。

ウ　法５条６号柱書き該当性について

文書２については，本件事故の調査の目的以外に使用しないことを前提に，本件事故の関係者から提出されたものが含まれている。これらの文書が公になると，今後生じる各種事故等の関係者が事故調査の目的以外に利用されることをおそれ，又は，これら関係者からの信頼を失うこととなり，事故調査に際しての資料提供，供述などに事故等の関係者が非協力的となる，又は，応じないこととなって，ひいては，事故等の調査に必要な事実関係の把握及び的確な調査が行えないこととなる。この結果，事故等の調査が困難となり，事故

等調査業務に甚大な支障を及ぼすおそれがあると認められ，法５条６号柱書きに該当するものである。

エ　審査請求人の個々の主張について

審査請求人は，審査請求書エ（ア）において，本件不開示資料は行政文書ファイル簿に文書名が記載されているはずであり，本件開示請求の対象となる行政文書を特定したうえで，その行政文書の具体的内容をふまえて，個別具体的な不開示理由を述べなければならないと主張する。

しかしながら，本件開示請求の対象となる文書は，複数の資料等から構成されており，そのうちには一つの資料等ではあるものの内容的には可分なものが含まれる可能性があるが，運輸安全委員会の委員長及び委員は，科学的かつ公正な判断を行うことが求められ，また，その職権は独立して行うこととされている。しかし，個別具体的に特定した文書が明らかになり得るとすると，運輸安全委員会における検討や審議，また，その前提となる調査の内容や方向性等について，外部からの指示，干渉及び不当な圧力を受けるおそれがあり，そのために，運輸安全委員会における率直な意見の交換また意思決定の中立性が不当に損なわれるおそれがある。このおそれは，本件対象文書のうちいずれの資料又は記録等を公にした場合であっても生じるものであり，審議，検討等が終了し，意思決定が行われた後であっても，当該審議及び検討等に関する情報を公にすることにより，将来予定されている同種の審議，検討等に係る意思決定に不当な影響を与えるおそれがある場合には，法５条５号に該当し得ると解されている（総務省行政管理局編「詳解　情報公開法」７５ページ）。

なお，本件不開示文書には関係者から提供を受けた情報が多く，これらの情報は，その前提として航空事故調査委員会（現運輸安全委員会。以下同じ。）と関係者との間に一定の信頼関係（収集した情報を事故等の原因を究明する以外の目的に使用せず，事故等調査報告書においてこれを使用する場合でも，公開による弊害等を考慮して，適宜抜粋・加工等を施した上でその内容を事故等調査報告書に記載し，原資料自体を公開しないことを前提として事故等に関する情報の提供を受けること）を基に収集したものであり，一部でも開示すればそのような信頼関係が著しく損なわれることを理由として，全体として不開示情報に該当すると判断しているものであり，この判断は正当なものと考えられる。ただし，航空事故調査委員会が調査資料として使用したことが明らかである，本件事故に関する事故調査報告書における引用文献（公開されていることが確認されたも

のに限る）については，公開されても関係者との信頼関係は損なわれないものと判断して一部開示したところである。

審査請求人は，審査請求書エ（イ）において，法５条３号の該当性については，不開示処分に係る行政文書に記録された情報が同号所定の事項に関するものであることをその種類や内容を具体的に特定すべきであると主張する。

しかしながら，不開示処分に係る行政文書に記録された情報が同号所定の事項に関するものであることをその種類や内容を具体的に特定すべきとの主張には，審査請求書エ（ア）の主張に対するものと同様，本件対象文書が全体として不開示情報に該当すると判断しているものであり，この判断は正当なものと考えられる。

また，審査請求人は，法５条３号の「おそれ」については，単なる確率的な可能性ではなく，法的保護に値する高度の蓋然性が求められるというべきであるから，当該情報を公にすることにより，同号所定のおそれがあるかを具体的に示した上，それが深刻かつ確実なものであることを明らかにすべきであると主張する。

しかしながら，法５条３号の該当性の判断については，「公にすることにより，他国等との信頼関係が損なわれるおそれがある情報については，一般の行政運営に関する情報とは異なり，その性質上，開示・不開示の判断に高度の政策的判断を伴うこと，我が国の安全保障上又は対外関係上の将来予測としての専門的・技術的判断を要することなどの特殊性が認められる（総務省行政管理局編「詳解情報公開法」６２ページ）」ことから，行政機関の長の裁量が尊重されるものであると考えられ，我が国の航空事故等調査においては，国際民間航空条約及び第１３附属書に従い，調査実施国，運航国，設計・製造国等が互いに協力しながら行うものであり，そのような国際的枠組みを前提とすると，運輸安全委員会との詳細なやりとりの情報を関係国や国際機関の意向を反映せず，我が国の一存で公にすることは，我が国の事故調査制度に対する国際的な信用を失墜させるおそれや，他の同条約締結国との信頼関係が損なわれるおそれがあると認められることから，法５条３号に該当すると判断しているものであり，この判断は正当なものと考えられる。

加えて，審査請求人は，審査請求書エ（イ）において，法５条５号及び６号の該当性についても，同号の「おそれ」については，単なる確率的な可能性ではなく，法的保護に値する高度の蓋然性が求められるというべきであるから，当該情報を公にすることにより，どのような同号所定のおそれがあるかを具体的に示した上，それが深刻かつ確実なものであることを明らかにすべきであると主張する。

14

しかしながら，法５条５号の「おそれ」の判断については，当該「おそれ」については，客観的にそのおそれがあると認められることが必要である一方で，行政機関としては当該行政文書の内容自体を立証することはできないのであるから，当該「おそれ」があるか否かの判断に当たり，高度な蓋然性があることまでは要求されないものと解すべきである（高松高裁平成１７年１月２５日判決・判例タイムズ１２１４号１８４ページ参照）ことから，法的保護に値する高度の蓋然性が求められるとまではいえないと考えられる。

事故調査の過程で委員会の内部における検討のために作成された資料は，事故の原因究明を行うにあたり，多角的見地から調査を行うために幅広く収集等した審議途中の検討段階における資料である。これらの資料を公にすることは，検討または審議において率直な意見交換が不当に損なわれるおそれがあり，運輸安全委員会の事務の適正な遂行に支障を及ぼすおそれがあると認められることから，法５条５号に該当すると判断しているものであり，この判断は正当なものと考えられる。

また，法５条６号の「おそれ」の判断については，大阪府知事の交際費に関する最高裁判所平成６年１月２７日第一小法廷判決において，大阪府知事の交際費に係る公文書の不開示処分取消請求について，当該公文書が「府の機関又は国等の機関が行う調査研究，企画，調整等に関する情報であって，公にすることにより，当該又は同種の調査研究，企画，調整等を公正かつ適切に行うことに著しい影響を及ぼすおそれのあるもの」（大阪府公文書公開等条例第８条４号），「府の機関又は国等の機関が行う取締り，監督，立入検査，許可，認可，試験，入札，交渉，渉外，争訟等の事務に関する情報であって，公にすることにより，当該若しくは同種の事務の目的が達成できなくなり，又はこれらの事務の公正かつ適切な執行に著しい支障を及ぼすおそれのあるもの（同条５号）に該当し得ることを肯定した。そして，同条例８条４号及び５号の定める「著しい支障を及ぼすおそれ」の判断については，「該当性の有無は機械的に決まるものではなく，多かれ少なかれ判断的な要素を含むものである。当該情報を公開することによって，事務の執行にどのような影響が及ぶかは，行政事務の全容を把握した上でないと的確な判断ができない場面があり，また，過去の行政事務の運営の経験を土台にした判断，予測が必要とされる場面もあろう。したがって，この判断については，行政機関の要件裁量が一定限度認められるべきものである」として，裁判所においては，当該判断の適否については，裁判所が独自に実施機関と同じ立場に立って判断をやり直すのではなく，

「おそれ」があるとした行政機関の判断を前提として，その判断が合理的なものといえるかどうかを審理判断することで足りるとの解説がされているところである（千葉勝美「最高裁判所判例解説民事篇平成６年度」７１及び７２ページ）。このような理解からすれば，法５条６号所定の不開示理由の判断について，情報公開条例に関する上記最高裁判例によって立つところとも平仄が合うといえることから，「おそれ」の要件該当性の判断については，客観的に判断される必要があるといえ，少なくとも，行政機関の長に一切の裁量が否定されるものではなく，一定の幅のある判断が許容されていると解すべきである。

事故調査の目的以外には使用しないことを前提に提出を受けた資料を公にすると，今後同種の事故等調査において，事故等関係者が当該資料を事故等調査報告書の作成以外の目的に利用されることをおそれ若しくは事故等関係者との信頼関係が損なわれ，資料の提供が得られないこと又は事実を明らかにしないことなどが予想され，その結果，事実関係の把握及び的確な調査が行えず，事故等の原因究明が困難となり，事故等調査業務に支障を及ぼすおそれがあると認められることから，法５条６号柱書きに該当すると判断しているものであり，この判断は正当なものと考えられる。

審査請求人は，審査請求書エ（ウ）及び（エ）において，本件不開示資料について，原則３０年を経たものは一部の例外を除いて一般的に公開することとしていること等をふまえると，時の経過があってもなお不開示とすることにより得られる利益が開示することにより得られる利益を上回ることを基礎付ける事実を具体的に明らかにすべきであり，およそ審議途中の検討段階における資料ではなく，本来は，非現用文書として国立公文書館に移管されるべき行政文書であると主張する。

しかしながら，本件開示請求における不開示文書も含まれている行政文書「昭和６０年部会調査記録（昭和６２年公表）」は，行政文書ファイル管理簿に記載され，公文書等の管理に関する法律施行令（平成２２年政令第２５０号）に基づき，職務の遂行上必要があると認めるものとして，保存期間の延長を行い，延長する期間及び延長の理由は内閣総理大臣に報告されている。したがって，行政機関が保有する現用行政文書であると認められる。

以上の理由から，不開示情報としての要件に合致するものであることは明らかであるため，原処分に特段違法・不当な点はないと考えられる。

4　結論

上記により，本件対象文書を不開示とした原処分は妥当であると考える。

第４　調査審議の経過

当審査会は，本件諮問事件について，以下のとおり，調査審議を行った。

① 令和元年１１月２８日　諮問の受理
② 同日　諮問庁から理由説明書を収受
③ 同年１２月１６日　審議
④ 令和２年１月１５日　審議
⑤ 同月３１日　審査請求人から意見書１を収受
⑥ 同年２月１７日　審査請求人から意見書２を収受
⑦ 同月２１日　文書２の見分及び審議
⑧ 同年３月６日　審議

第５　審査会の判断の理由

１　本件対象文書について

本件請求文書は，「１９８５年８月１２日に起きた日航１２３便墜落事故のボイスレコーダー，フライトレコーダーその他の調査資料一切（マイクロフィルム含む）」である。

処分庁は，本件請求文書のうち，本件開示文書を全部開示とした上で，文書１については不存在とし，文書２について，法５条３号，５号及び６号柱書きに該当するとして不開示とする一部開示決定（原処分）を行った。

これに対し，審査請求人は，文書１は処分庁において保有しているはずであり，文書２は不開示情報に該当しないとして原処分の取消しを求めているところ，諮問庁は，文書１について，不開示理由を「ボイスレコーダー，フライトレコーダーについては不存在。」から「ボイスレコーダー，フライトレコーダーの記録データについては，本件航空事故調査報告書公表後，そもそもの所有者に返却されているため，保有しておらず不存在。」に変更する決定（令和元年１１月２２日付運委総第２３０号）を行った上で，原処分を妥当であるとしていることから，以下，文書２の見分結果を踏まえ，文書１の保有の有無及び文書２の不開示情報該当性について検討する。

２　文書１の保有の有無について

（１）文書１の保有の有無について，諮問庁は，以下のとおり説明する。

文書１である本件事故に関するボイスレコーダー及びフライトレコーダーの記録データについては，本件事故の調査報告書公表後にそもそもの所有者に返還しており，開示請求時点では処分庁において保有していない。

また，本件審査請求を受け，念のため文書１を保有していないか探索したが，確認できなかった。

（２）文書１は，本件航空事故の調査報告書公表後にそもそもの所有者に返

還しており，開示請求時点では処分庁において保有していないとする上記諮問庁の説明は，不自然，不合理ではなく，これを覆すに足りる事情も認められない。

したがって，運輸安全委員会において文書１を保有しているとは認められない。

３　文書２の不開示情報該当性について

（１）諮問庁は，文書２の不開示理由について，以下のとおり説明する。

ア　法５条３号該当性について

我が国の航空事故等の原因の調査は，国際民間航空条約及び第１３附属書に従い，調査実施国，運航者国，製造国等が互いに協力しながら行うものであり，この枠組みの中では，事故調査過程で入手した情報の一切について，事故調査報告書を除き，公表しないこととされている。我が国の一存で事故調査過程において入手した情報を公にすることは，同条約及び第１３附属書に反する行為を行ったと受け取られ，他の同条約締結国との信頼関係が損なわれるおそれがあることから，法５条３号の不開示情報に該当する。

イ　法５条５号該当性について

本件事故の調査過程で内部での検討のために作成された文書が含まれており，これらは審議途中の検討段階における資料である。これを公にすると，検討又は審議における率直な意見交換が不当に損なわれるおそれがあることから，法５条５号の不開示情報に該当する。

ウ　法５条６号柱書き該当性について

本件事故調査の目的以外に使用しないことを前提に関係者から提出されたものが含まれており，これらを公にすると，今後生じる事故等の関係者が事故調査の目的以外に利用されることをおそれ，又はこれら関係者からの信頼を失い，事故調査に協力を得られなくなる等して，事故等の調査に必要な事実関係の把握及び調査が行えないこととなり，事故等調査業務に甚大な支障を及ぼすおそれがあることから，法５条６号柱書きの不開示情報に該当する。

エ　なお，文書２は，複数の資料から構成されるものであるが，個別の文書名を明らかにすると，事故調査過程でどのような情報を入手したかを推測することが可能となることから，個別の文書名を公にすることも，他の条約締結国や資料を提供した関係者との信頼関係が損なわれることにつながるおそれがある。

（２）以下，検討する。

ア　当審査会において文書２を見分したところ，本件事故に関し，多角的見地から事故調査を行うために幅広く収集した複数の文書から構成されるものであると認められる。

イ　諮問庁の説明のとおり，航空事故等の原因の調査は，国際民間航空条約及び第１３附属書に従い，調査実施国，運航者国，製造国等が互いに協力しながら行うものであると認められるところ，当審査会において諮問庁から国際民間航空条約及び第１３附属書の提示を受けて確認すると，同条約及び同附属書において，事故調査当局が航空事故等の調査過程で入手した情報等については，所管当局による事故等の調査以外の目的に利用できるようにしてはならない等と定められていることが認められる。

ウ　そうすると，文書２は，運輸安全委員会が当該条約及び当該附属書による国際的枠組みの下で，事故調査の目的以外には使用しないことを前提に，関係者から提出を受けるなどして収集した資料であると認められるので，これらを公にすると，運輸安全委員会が同条約及び同附属書に反する行為を行ったと受け取られ，今後生じる事故等の関係者が事故調査の目的以外に利用されることをおそれ，又は，これら関係者からの信頼を失い，事故調査に協力を得られなくなるなどして，事故等調査業務に甚大な支障を及ぼすおそれがあるとする諮問庁の説明は否定し難い。

エ　また，文書２の個別の文書名を明らかにすると，事故調査過程でどのような情報を入手したかを推測することが可能となる旨の上記諮問庁の説明も否定し難い。

オ　したがって，文書２は，その文書名を含め，その全部が法５条６号柱書きの不開示情報に該当すると認められ，同条３号及び５号について判断するまでもなく，不開示としたことは妥当である。

４　審査請求人のその他の主張について

審査請求人は，その他種々主張するが，いずれも当審査会の上記判断を左右するものではない。

５　本件不開示決定の妥当性について

以上のことから，文書１を保有していないとして不開示とし，文書２を法５条３号，５号及び６号柱書きに該当するとして不開示とした決定については，文書１については，運輸安全委員会において保有しているとは認められないので，不開示としたことは妥当であり，文書２については，同号柱書きに該当すると認められるので，同条３号及び５号について判断するまでもなく，不開示としたことは妥当であると判断した。

（第５部会）

委員　南野　聡，委員　泉本小夜子，委員　山本隆司

別紙　本件開示文書

1 Light Airplane Crash Tests at Three Flight-Path Angles (NASA Technical Paper 1210)
2 NASA／FAA general Aviation crash dynamics program
3 NTSB AAS−81−2 Cabin Safety in Large Transport Aircraft
4 BOEING Airworthiness Directive VOLUMEII (AD86−08−02)
5 BOEING Airworthiness Directive VOLUMEII (AD85−22−12)
6 Airplane Damage Tolerance Requirements (USAF)
7 DC−10 DECISION BASIS SUMMARY REPORT (FAA)

巻末資料２　日米合同委員会組織図

平成30年2月現在

( )は設置年月日
＊以下「代表」及び「議長」は、日本側代表・議長を示す。

- **日米合同委員会**
  - 日本側代表　外務省北米局長
    - 代表代理
      - 法務省大臣官房長
      - 農林水産省経営局長
      - 防衛省地方協力局長
      - 外務省北米局参事官
      - 財務省大臣官房審議官
  - 米側代表　在日米軍司令部副司令官
    - 代表代理
      - 在日米大使館公使
      - 在日米軍司令部第五部長
      - 在日米陸軍司令部参謀長
      - 在日米空軍司令部副司令官
      - 在日米海軍司令部参謀長
      - 在日米海兵隊基地司令部参謀長
  - 気象分科委員会 (昭35.6.23)
    - 代表　気象庁長官
  - 基本労務契約・船員契約紛争処理小委員会 (昭35.6.23)
    - 代表　法務省大臣官房審議官
  - 刑事裁判管轄権分科委員会 (昭35.6.23)
    - 代表　法務省刑事局公安課長
  - 契約調停委員会 (昭35.6.23)
    - 代表　防衛省地方協力局調達官
  - 財務分科委員会 (昭35.6.23)
    - 代表　財務省大臣官房審議官
  - 施設分科委員会 (昭35.6.23)
    - 代表　防衛省地方協力局次長
    - 海上演習場部会
      - 議長　水産庁漁政部長
    - 建設部会
      - 議長　防衛省地方協力局地方協力企画課長
    - 港湾部会
      - 議長　国土交通省港湾局長
    - 道路橋梁部会
      - 議長　国土交通省道路局長
    - 陸上演習場部会
      - 議長　農林水産省経営局長
    - 施設調整部会
      - 議長　防衛省地方協力局地方調整課長
      - 議長　防衛省地方協力局沖縄調整官
    - 施設整備・移設部会
      - 議長　防衛省地方協力局提供施設課長
    - 沖縄自動車道建設調整特別作業班
      - 議長　防衛省地方協力局沖縄調整官
    - SACO実施部会
      - 議長　防衛省地方協力局沖縄調整官
  - 周波数分科委員会 (昭35.6.23)
    - 代表　総務省総合通信基盤局長
  - 出入国分科委員会 (昭35.6.23)
    - 代表　法務省大臣官房審議官
    - 検疫部会
      - 議長　外務省北米局日米地位協定室補佐
  - 調達調整分科委員会 (昭35.6.23)
    - 代表　経済産業省貿易経済協力局長
  - 通信分科委員会 (昭35.6.23)
    - 代表　総務省総合通信基盤局長
  - 民間航空分科委員会 (昭35.6.23)
    - 代表　国土交通省航空局交通管制部長
  - 民事裁判管轄権分科委員会 (昭35.6.23)
    - 代表　法務省大臣官房審議官
  - 労務分科委員会 (昭35.6.23)
    - 代表　防衛省地方協力局労務管理課長
  - 航空機騒音対策分科委員会 (昭38.9.19)
    - 代表　防衛省地方協力局地方協力企画課長
  - 事故分科委員会 (昭38.1.24)
    - 代表　防衛省地方協力局補償課長
  - 電波障害問題に関する特別分科委員会 (昭41.9.1)
    - 代表　防衛省地方協力局地方協力企画課長
  - 車両通行分科委員会 (昭47.10.18)
    - 代表　国土交通省道路局長
  - 環境分科委員会 (昭51.11.4)
    - 代表　環境省水・大気環境局総務課長
  - 環境問題に係る協力に関する特別分科委員会 (平14.11.27)
    - 代表　外務省北米局審議官
  - 日米合同委員会合意の見直しに関する特別分科委員会 (昭53.6.29)
    - 代表　外務省北米局日米地位協定室長
    - 軍属作業部会
      - 議長　外務省北米局日米地位協定室長
      - 議長　防衛省地方協力局在日米軍調整室長
  - 刑事裁判手続に関する特別専門家委員会 (平7.9.25)
    - 代表　外務省北米局審議官
  - 訓練移転分科委員会 (平8.4.1)
    - 代表　防衛省地方協力局地方調整課長
  - 事件・事故通報手続に関する特別作業部会 (平9.3.20)
    - 代表　外務省北米局日米地位協定室長
  - 事故現場における協力に関する特別分科委員会 (平16.9.14)
    - 代表　外務省北米局審議官
  - 在日米軍再編統括部会 (平18.6.29)
    - 代表　外務省北米局日米安全保障条約課長
    - 防衛省防衛政策局日米防衛協力課長

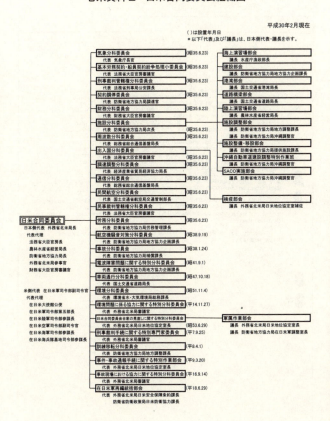

2.

Since nothing is more persuasive than a good example, however, we must continue to work intensely on a timely resolution of our own bilateral trade differences, an accomplishment which will go a long way toward ensuring the success of the new round. I look forward to joining you in the common task of promoting prosperity for our citizens by opening markets and expanding world trade.

Third, I am, of course, pleased with the significant progress made in the market oriented sector selective talks, and I anticipate future successes in this forum. Also, I note with satisfaction the recent decision of All Nippon Airways to purchase Boeing aircraft and the successful resolution of our bilateral negotiations on air landing rights. All of these steps will have a positive implication for our future trade relations.

Overall, we have made some progress on these trade issues, for which I am most grateful. I look forward to working together with you to resolve the remaining differences in the months ahead.

Nancy joins me in extending to you and your family our warm wishes,

Sincerely

/s/ Ron

巻末資料１「レーガン大統領の中曽根総理宛親書（1986年２月７日）」（原文）

February 7, 1986

Dear Yasu:

I would like to take this opportunity to note your letters of December 2 and 19 on developments in our bilateral trade relations. I also would like to express my pleasure in meeting two distinguished members of your Cabinet, Ministers Abe and Takeshita, during their visits to Washington. I appreciated the opportunity to welcome them to our country and to speak directly with them on matters of great importance to the United States and Japan.

With respect to trade, first, let me say how satisfied I am that our negotiators reached agreement on the leather and leather footwear issue. I thank you for your efforts in facilitating this outcome which, I know, involved difficult political decisions. It is good to have this issue behind us.

Second, I join in your pleasure regarding the launching of a new GATT round. The agreement at Geneva to commission a preparatory committee is a clear signal that all major trading nations intend to continue the process of expanding and liberalizing trade which has benefited the entire world during the last four decades.

I agree with you that much work remains to be done. Close cooperation and coordination with the countries that share our perception that the trading system needs improvements will be essential to a fruitful conclusion of the committee's work. In addition, we need to work together to convince the skeptics among the GATT membership of the benefits that all will derive from strengthening and broadening the scope of GATT rules.

His Excellency
Yasuhiro Nakasone
Prime Minister of Japan
Tokyo

の会長。5冊の学術書を執筆。『日本の教育改革：中曽根の遺産』、『新幹線：新幹線から現代日本の象徴まで』、『日本の災害への対応：JL123便墜落への対応』、『御巣鷹：世界最大の単一飛行機事故における死者の記録と日本』、編著の『日本人とのビジネス』（G. Bownas教授とD. Powersとの共同編集）。他に4巻の『近代日本の政治』、2冊の小説、『ハイジャックジャパン』『東京20/20ビジョン』がある。

https://hoodcp.wordpress.com/

Twitter：@HoodCP

に見えなくなった。これに加えて、他の重要な証拠が相模湾に残っている可能性が高く、水中調査が十分なレベルまで行われていないか、広い範囲を十分にカバーしていない可能性もある。

青山さんと初めて会ったのは、私の研究資料として使用していた彼女の本の1冊が出版された後、2018年の秋にメールで連絡を取り合った後の2019年1月である。その後、同年4月に、彼女がスザンヌ・ベイリー湯川さんとカーディフを訪問し、カーディフ大学の学生たちに特別セミナー講演を行った際に私たちは再会した。セミナーの前に、青山さんが別の本で論じたように、私たち3人も墜落原因について詳細に議論した。さて、この本の中で、青山さんはJL123便に何が起こったかを示す証拠を発見し、それについて議論している。そこでわかったことは、これは衝突ではなく、SDF（自衛隊）ミサイルを巻き込んだ事件だ、ということだ。

これを聞いて私は、墜落現場で証拠を見る機会があった人に会った時の言葉を思い出した。その人は、JL123便に起こったのは「殺人」だと言ったのである。それはどういう意味かわかってきた。答えが何であれ、一つ確かなことは、JL123便に何が起こったのか、原因と隠蔽の両方に政府がどのように関与していたのかについて、私たちがさらに理解すべきことがたくさんある、ということである。

＊　＊　＊　＊　＊

クリストファー・P・フッド博士は、カーディフ大学を拠点とする研究者及び作家。研究分野は主に日本に関係しており、二つの領域に分類されている。まず、アイデンティティと象徴性に関連するテーマ。第二に、日本の鉄道と航空に関する問題。2016年、日英間の相互理解と友好の深化に貢献した功績が認められ、英国大使から表彰状を授与される。現在、英国日本学協会（www.bajs.org.uk）

である。翌朝の夜明けまでに、この地域には電気の鉄塔と電線がないことは明らかだったが、それでもヘリコプターは現場に派遣されていなかった。どうしてなのか？

御巣鷹の尾根と上野村の距離の遠さ、および夜の暗さがあっても、夜だからという理由が遅れの原因だったと理解するのは難しい。前例のない困難な状況ではあったのだろう。しかし確実に言えることは、これらはSDF（自衛隊）のような組織が対応できる条件だということだ。JL123便のような事件に対処できなかった場合、いったい日本を侵略軍からどのようにして守るつもりだったのだろうか。

さて、夜間に墜落現場で何か他のことが起こったのか？　これは信じがたいことであり、信じたくない部分もある。しかし、JL123便の墜落について、SDF（自衛隊）が関与している証拠を取り除くために、その闇夜の中で現場を「クリーンアップ」することも非常に困難であり、トーチや他の照明が必要だった。しかし、これらに関することは報道機関のヘリコプターによっては報告されていない。同様に、生存者は、他の乗客の声以外の暗闇で聞こえたことについては話さない。SDF（自衛隊）は「片付け」ではなく、現場をさらに破壊することにより、現場に不正行為の証拠が残らないようにしようとしたのではないだろうか？

その後、時間が経つにつれ、他の証拠も処理された可能性がある。JL123便の一部が外力によって破壊されたという証拠はないと報告書は述べているが、当局が隠蔽に関与したという根拠に基づいて作業する場合、この報告書の答弁を信じることなどできるだろうか？JAL安全啓発センターでJL123便の残骸を見ると、これらが同じ飛行機の部品だとは信じがたい。特に後部圧力隔壁は、現場で撮影されたものと同じではないと思われる。現場では隔壁は隠されてすぐって撮った写真を見た。私の著書『日本の災害への対応：JL123便墜落への対応』で述べているように、撮影されたすべての写真を考慮すると、小川氏がシートベルトのサインがオンになっているにもかかわらず、席から立ち上がって撮影をした可能性が高い。彼は飛行機の外の写真を撮ろうとしていた。彼が写真を撮ったのは、（飛行機で撮られた別の写真からわかるように）窓際に座っていた一緒に乗っていた娘ではなく、写真から最初に現れる富士山ではなかったことを示唆している。しかし、他の何かがあったとしたらどうだろうか。偶然にも、彼が撮った写真のデジタル版を拡大すると、写真に物体があることがわかる。物体はオレンジ色に見える。それはSDF（自衛隊）が所有していたミサイルの色である。

JL123便に、そのミサイルが命中したのか？　それについては信じがたいが、結局のところ、どの遺書でもミサイルについての言及はない。何人かが書いた遺書についてだが、小川氏が座っていた場所の近くの人々も書いていたかもしれない。しかし、そのコンパートメントでミサイルの記述がいくつかあった可能性も捨てきれない。ただ、その内容を知られることを望まない当局によって破棄されたため、回収されなかったのかもしれない。墜落現場で、同様に「現場を掃除する」ためのプロセスが発生したのだろうか？　これは、墜落現場から約12時間の間に、ここが墜落場所だという20近くの場所が推定されているのに、現場が特定されるまでに長い時間がかかった理由を説明しているのだろうか？　墜落現場が確認されてからもSDF（自衛隊）が現場に到着するまでの間に5時間もかかっていた（すでに最初のメディア記者がそこに到着したにもかかわらずだ）。なぜこんなに遅れたのか？　なぜ誰もヘリコプターからウインチダウンしなかったのか？　夜間は電線の位置が気になるのでできなかったということも聞いたが、ただ、これらがどこにあるかの記録が保持されており、その確認の電話をかけることができたはずそれでも、彼は11月まで墜落現場には行かず、彼が現地に行った時にはすでに大部分が片付けられていた。彼は藤岡にいた遺族やその生存者にも会いに行っていない。これについては、8月15日（JL123便墜落から3日後）の靖国神社参拝に神経を集中しているようで、墜落には全く関わりたくないという印象を受けた。この行動は、オーストラリアで休暇中に急きょ英国に戻り、マンチェスター空港での航空機事故（8月22日に発生、JL123便墜落からおよそ1週間後）の現場に直行した英国首相のマーガレット・サッチャーの行動とはまったく対照的である。彼女は英国政府が原因をきちんと調査して明らかにすることや二度と事故を起こさないようにすると保証した。なぜ中曽根はこのような行動をとらなかったのか？

長年、中曽根研究をしてきたことから考えると、JL123便から注意をそらしたのは、終戦40周年と靖国神社への参拝が原因だったと言いたいが、他に証拠もあり、私はこの結論に到達することは不可能だと思っている。

中曽根とJL123便についての書物や資料から考えると、彼が飛行機の撃墜に何らかの形で関与していたことを示唆するものを無視することはできない。一見すれば、私はそのような問題提起、特にそれが故意に行われたという考えは議論のテーブルに載せるのは難しいと思っている。結局のところ、計画が思い通りに進んだとしても、墜落事件が靖国神社への参拝によって覆い隠されていたことは間違いない。中曽根に関する私の知識と理解に基づくとこれは私には理解しにくいのだが、それでも、他の証拠を見ると、自衛隊がJL123便に起こったことに何らかの形で関与していたという非常に現実的な可能性を無視することはできない。

私の研究の過程で、小川領一氏に会い、彼の父親がJL123便に乗が、1985年の藤岡滞在中に日記をつけて写真を撮っていたことは、私の研究意欲をさらにかき立て、これはやるべきだと感じた。

日本語の資料をもとに調べ、墜落の本当の原因に驚いただけでなく、当時の首相が誰であったかが書かれた本を読んだ時の自分の反応も覚えている。中曽根康弘。「また彼？」だった。実は、中曽根は私の博士号と最初の学術書で論じた最も重要な焦点の一つだった。新幹線について書いた私の二番目の学術書でも彼を取り上げた。彼が私の次の研究の一部になるとは想像もしていなかった。中曽根の著作物を読んで何回かインタビューすることで「彼の頭の中に入って」いくために、私は何年も費やし、その知識がJL123便に関連するさまざまな問題の調査に役立つだろうと思った。

これまでに約100冊の本を読んだが、公式報告書で記載されているようにJL123便で急速な減圧が起こったとは、納得に値するほどの理由がない。当然、その結論に達した場合、自然に考えても、次の論理的な質問は「それならば、その原因は何か？」だが、何かが欠けていると思わざるを得ない。

中曽根さんについて話をしたい。ここに日本の政治と政治的リーダーシップの性質を変えようとした首相がいた。彼はかなりの面で大統領スタイルに似た指導者であり、組織に属して単にハンコを押していくような決定の仕方ではない、いわゆるトップダウン形式の決定を行った人だった。ロナルド・レーガン、マーガレット・サッチャー、フランソワ・ミッテラン、ヘルムート・コールなど、世界中で似たようなリーダーが出現した時である。しかし、JL123便に関して言えば、彼の言動、あるいは彼が何も言わず何もせずにいたことに、大変な衝撃を受け、それについては今も理解に苦しんでいる。JL123便は、中曽根の出身地である群馬県に墜落したのである。

中曽根と日航123便

クリストファー・P・フッド／青山透子＝訳

私は2007年からJL123便について調査している。調査を始めたときは、墜落の原因を調査する必要があるとは思いもしなかった。それに関して一応原因は知っていたからである。私が見た英語によるドキュメンタリー、原因を論じた数冊の英語の本、および墜落を論じた英語のインターネットサイトでは、何年も前に墜落の原因がしっかりと確立されていることに疑いの余地はなかった。しかしその後、私は日本語によるドキュメンタリーを見たり、日本語の本を読んだり、日本語のウェブサイトを見たりするようになり、説明すべき疑問がたくさんあることに気づいたのである。

私のバックグラウンドは日本研究で、人類学、歴史的展望、記号論、政治学などのさまざまなアプローチを組み合わせる研究を好んでいる。私は、航空エンジニアや航空事故の専門家ではない。これらの分野には何年も前から関心があったが、私の知識は専門家の研究ではなく、本を読み、ドキュメンタリーを見たりすることが研究の手法だ。しかし、JL123便の墜落に関して、私の研究を通じて自分の専門知識を活かし、公式の事故調査報告書やその他の資料の有効性を検討することができたと信じている。

JL123便墜落は、日本で初めてそのニュースを聞いたとき興味はあったが、自分でこれを研究することは想像もしてはいなかった。しかし、友人のお父さんがその飛行機に乗っていたことや、後に友人となった日本航空社員を介してイギリス人の唯一の犠牲者のキンブル・マシューズの遺族である父親のピーター・マシューズに会ったことが研究することにつながった。息子を亡くしたピーターさん

titles; *Doing Business with the Japanese* (co-editor with Prof G. Bownas and D. Powers) and the 4 volume *The Politics of Modern Japan*. He has also written two novels, *Hijacking Japan* and *Tokyo 20/20 Vision*.
https://hoodcp.wordpress.com/
Twitter: @HoodCP

Please refer to the figure (Practice missile [non-explosive] impact point, p.75) excerpted from the officially disclosed information report.

I first met Aoyama-*san* in January 2019 after we had got in contact with each other the previous Autumn following the publication of one of her books for which she had also used my research as a resource. We then met up again in April that year when she visited Cardiff, together with Susanne Bayly-Yukawa, to speak to give a special seminar to my students. Before the seminar, the three of us also discussed the crash in detail, as Aoyama-*san* has discussed in another of her books. Now, in this book, Aoyama-*san* has found and discussed the evidence that points to what happened to JL123 being more than a crash, but an incident involving an SDF missile.

In the end, my thoughts keep coming back to the words of one of those who had a chance to see the evidence at the crash site. He said that what happened to JL123 was 'murder'. What did he mean? Whatever the answer, one thing is certain, there is still much to be understood about what happened to JL123 and what the involvement of the government was in both the cause and any possible cover-up

Dr Christopher Hood is an academic and author based at Cardiff University. His research interests primarily relate to Japan and fall into two areas. First, he is particularly interested in themes relating to identity and symbolism. Second, he is interested in issues relating to the railways and aviation in Japan. In 2016 he received a Certificate of Commendation from the Ambassador of Japan in the UK in recognition of distinguished service to contributing to the deepening of mutual understanding and friendship between Japan and UK. He is currently the President of the British Association for Japanese Studies (www. bajs.org.uk). He is the author of five academic books; *Education Reform in Japan: Nakasone's Legacy, Shinkansen: From Bullet Train to Symbol of Modern Japan, Dealing With Disaster in Japan: Responses to the Flight JL123 Crash, Osutaka: A Chronicle of Loss in the World's Largest Single Plane Crash*, and *Japan: The Basics*. He has edited two other have been evident, yet, still, no helicopters were dispatched to the scene. Why?

I find it hard to understand that darkness and remoteness of Osutaka-no-One and Ueno-mura were the cause of the horrendous delays during the night. I accept that the situation was unprecedented and difficult. But, surely these are the conditions when an organisation like the SDF should be able to respond. How could they defend Japan from an invading force if they could not cope with an incident like JL123?

So, did something else happen at the crash site during the night? I find this hard to believe. Partly as I would prefer not to believe it, I suppose. But, also because 'cleaning up' the site over that night to get rid of any evidence of SDF involvement in the loss of JL123 would have been so difficult. Torches and other lighting would have been needed – but nothing of this sort was reported by the media helicopters. Similarly, the survivors do not speak of hearing voices, other than those of other passengers, during the night. Rather than 'clean up', did the SDF try to make the site devoid of evidence of wrongdoing by causing further destruction to the site?

Then, other evidence could have been dealt with as time went on. Although the report says that there is no evidence of parts of JL123 being hit by external forces, if we are to work on the basis that the authorities were involved in a cover-up, how can we trust this evidence? When I look at the wreckage of JL123 at the JAL Safety Promotion Center, I find it hard to believe that these are parts from the same plane; the rear bulkhead, in particular, doesn't look the same as the one photographed at the site, and rapidly removed from view. On top of this, other key evidence is likely to remain in Sagami Bay, where the underwater search may not have been done to a satisfactory level or have covered a wide enough area.

photographs that his father took on board JL123. As I discuss in my book *Dealing with Disaster in Japan: Responses to the Flight JL123 Crash*, when taking into consideration all of the photographs taken, it seems highly probable that Mr Ogawa stood up from his seat, despite the seat belt sign being on, and attempted to take photographs of something outside of the plane. That he took the photographs, rather than his daughter who had been sat by the window (as we know from another picture taken in the plane), suggests that the focus of attention was not Mount Fuji, as it would first appear from the photographs, but something else. By chance, looking at the first of the pictures that he took, and zooming in on a digital version of it, one can see that there is an object in the photograph. The object appears to be orange – the colour of a missile that the SDF possessed.

Was JL123 hit by a missile? I find it hard to believe. After all, there is no mention of a missile in any of the *isho* – some of which were written by people close to where Mr Ogawa was sat and one has to assume that there would have been people in that part of the plane discussing seeing the missile. But given how many in one area of the plane wrote *isho*, is it not possible that many more wrote *isho*, but that these were not recovered as they had been destroyed by authorities not wanting their contents to become known? Did a similar 'cleaning up' process happen at the crash site? Does this explain why it took so long for the crash site to be confirmed, with nearly 20 sites being suggested as the crash site during an almost 12-hour period from the crash? There was still a five-hour period between when the crash site was confirmed and when the SDF reach the site (by which time the first media reporters had got there). Why the delay? Why was nobody winched down from a helicopter? It is said that during the night, this could not have been done due to concerns about the position of electricity wires. Surely a record is kept of where these are, and a phone call could have been made to check that the area was clear. By dawn the next morning, that there are no electricity pylons and wires in the area would

Gunma, Nakasone's home prefecture. Yet, he did not go to the crash site itself until November, by which time it had been largely cleaned up. He did not go to see any of the bereaved families in Fujioka, or even the survivors. The impression was that he did not want to be involved with the crash at all, with his focus seemingly being much more on his visit to Yasukuni Shrine on 15 August (three days after the JL123 crash). This behaviour is in stark comparison to that of UK Prime Minister, Margaret Thatcher, who cut short a holiday in Australia to return to the UK and visit the scene of an aircraft accident at Manchester Airport (which occurred on 22nd August, the week after the JL123 crash), where she made it clear that her government would ensure that the cause would be uncovered and that there would be no repeat of the accident. Why didn't Nakasone do anything like this?

Having studied Nakasone for so many years, it is tempting to say that the only reason why he didn't want to be distracted by JL123 was due to the upcoming 40th anniversary of the end of the war and his visit to Yasukuni Shrine. But there is other evidence which means that I find it impossible to reach this conclusion without any reservations.

When I consider what has been written about Nakasone and JL123, I cannot ignore those which suggest that he was involved in some way with the plane being shot down. On the face of it, I find such suggestions, particularly the idea that it was done deliberately, hard to pallet. After all, there would have been no doubt, had the plan gone exactly as desired, that the incident would have over-shadowed his visit to Yasukuni Shrine. This seems incomprehensible to me, based on my knowledge and understanding of Nakasone. And yet, when I look at other evidence, I cannot ignore the very real possibility that the SDF were somehow involved with what happened to JL123.

During the course of my research I met Ryōichi Ogawa and looked at the

supported my desire to do the research, and left me with a feeling that I should do it.

As well as being surprised about the level of concerns about the real cause of the crash when I started using Japanese materials, I also remember my reaction when I reading a sentence in one book that commented on who the prime minister at the time was; Yasuhiro Nakasone. My reaction was 'again?'. Nakasone had been one of the main focusses of my PhD and first academic books. He also featured in my second academic book about the *shinkansen*. I could never have imagined that he would become a part of my next study too. Having spent many years trying to 'get inside his head' through reading his works and also interviewing him a few times, I hoped that my knowledge of him would help in looking at a variety of issues relating to JL123.

Having read around 100 books to date, I am still not convinced that rapid depressurisation took place in JL123 as is set out in the official report and is put forward as the probable cause. Naturally, if one comes to that conclusion, the next logical question to ask is 'What was the cause then?' In considering the answer to this, I have looked at a range of evidence, but also taken into account what is missing.

Let me start with Nakasone himself. Here was a Prime Minister who tried to change the nature of Japanese politics and political leadership. He was a much more presidential style of leader, making top-down decisions rather than merely rubber-stamping decisions that had been passed up through the system. Coming at a time when the world saw many similar such leaders, for example, Ronald Reagan, Margaret Thatcher, François Mitterrand, and Helmet Kohl, his style felt familiar to me when I studied him. But, when it comes to JL123, I am struck by things he said or did, or rather he did not say or do, and I struggle to come to terms with this. JL123 crashed in

Nakasone and JL123

Christopher P. Hood

I have been researching about JL123 since 2007. When I began my research, I never thought that it would become necessary to research the cause of the crash. As far as I was concerned, the cause was known. The English language documentaries that I had seen, the few book English-language books that discussed the cause, and the English-language internet sites that discuss the crash left me in no doubt that the cause of the crash had firmly been established many years ago. But then I began to watch Japanese language documentaries, read Japanese books, and look at Japanese language websites, and I realised that there were many questions that needed to be answered.

My background is in Japanese Studies, and I like to combine a range of approaches such as anthropology, historical perspectives, semiotics, and political studies. What I'm not is an aeronautical engineer or a specialist in aviation accidents. Despite having an interest in these areas going back many years, my knowledge is based on reading books and watching documentaries rather than specialist studies. However, throughout my studies of the JL123 crash I believe that I have been able to use my expertise to consider the facts available in considering the validity of the official crash report and other materials.

I had an interest in the JL123 crash due to it being the first time I remember hearing Japan in the news, but I never imagined researching the crash in any way myself. But having made a friend whose father was on the flight and then having a friend at JAL who looked after the family of the sole British victim on the flight, Kimble Mathews, and meeting Kimble's father, Peter, I felt that there were things that I could research. That Peter Mathews had kept a diary and taken photographs while in Fujioka in 1985 further

*本書は二〇二〇年に小社より刊行された単行本を文庫化したものです。

日航《にっこう》123便墜落《びんついらく》
圧力隔壁説《あつりょくかくへきせつ》をくつがえす

二〇二五年 四 月一〇日 初版印刷
二〇二五年 四 月二〇日 初版発行

著 者 青山透子《あおやまとうこ》
発行者 小野寺優
発行所 株式会社河出書房新社
〒一六二-八五四四
東京都新宿区東五軒町二-一三
電話〇三-三四〇四-八六一一（編集）
〇三-三四〇四-一二〇一（営業）
https://www.kawade.co.jp/

ロゴ・表紙デザイン 粟津潔
本文フォーマット 佐々木暁
本文組版 株式会社ステラ
印刷・製本 中央精版印刷株式会社

Printed in Japan ISBN978-4-309-42174-2

日航123便墜落　疑惑のはじまり

青山透子　41827-8

関係者への徹底した取材から墜落の事件性が浮上する！ベストセラー『日航123便墜落の新事実』の原点にして渾身のヒューマンドラマ、待望の文庫化。

日航123便墜落　遺物は真相を語る

青山透子　41981-7

あの事故の背景には、何が隠されているのか？　御巣鷹山の尾根に残された遺物の科学的な分析結果から「テストミサイル誤射説」を徹底検証。事件の真相に迫る告発のノンフィクション。

日航123便　墜落の新事実

青山透子　41750-9

墜落現場の特定と救助はなぜ遅れたのか。目撃された戦闘機の追尾と赤い物体。仲間を失った元客室乗務員が執念で解き明かす渾身のノンフィクション。ベストセラー、待望の文庫化。事故ではなく事件なのか？

情報隠蔽国家

青木理　41849-0

警察・公安官僚の重用、学術会議任命時の異分子排除、デジタル庁による監視強化、入管法による排外志向、五輪強行に見る人命軽視……安倍・菅政権に通底する闇を暴く。最新の情報を大幅増補した決定版。

官報複合体

牧野洋　41848-3

日本の新聞はなぜ政府の“広報紙”にすぎないのか？　権力との癒着を示すさまざまな事件をひもとき、「権力の応援団」となっている日本メディアの大罪を暴いていく。

連合赤軍　浅間山荘事件の真実

久能靖　41824-7

日本中を震撼させた浅間山荘事件から50年。中継現場から実況放送した著者による、突入までの息詰まる日々と事件の全貌をメディアの視点で描く。犯人の証言などを追加した増補版。